遼寧省第三批珍貴古籍名録圖録

第二册

《遼寧省第三批珍貴古籍名録圖録》編委會 編

國家圖書館出版社

類雋卷第一　　　　　　　　　勾吳歷川鄭若庸纂輯

山東按察司副使古虞百樓鍾　轂　　校閱

戶部陝西司主事西蜀少川王用楨　　　校閱

戶部福建司主事古粵礪山鍾昌

工部營繕司員外四明夔韓張大器　　同閱

臨清州知州古完呂珩　　校正

臨清州知州西蜀李元齡　　重校

天文類

天　　　　　　　　　　太學生汪琪校梓

30207　類雋三十卷　〔明〕鄭若庸撰　明萬曆六年（1578）汪琪刻本

大連圖書館

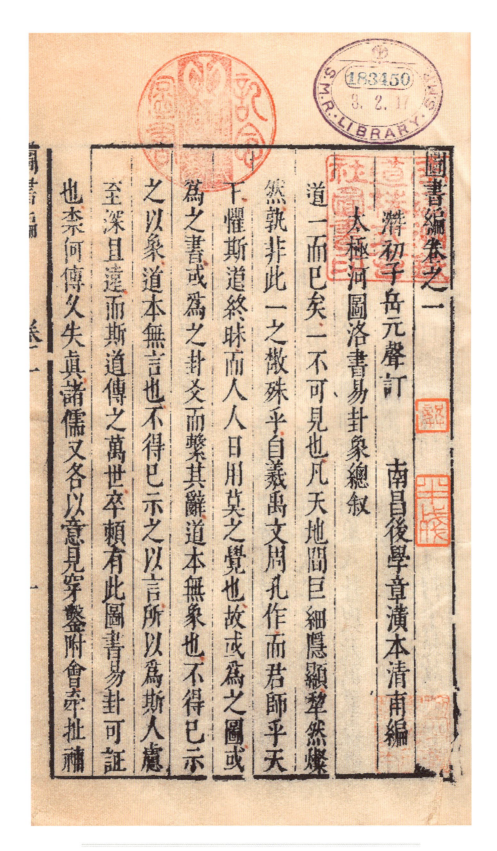

太極河圖洛書易卦象總叙

潛初子岳元聲訂　　南昌後學章潢本清甫編

道一而已矣一不可見也凡天地間巨細隱顯犖然爍

然孰非此一之散殊乎自羲禹文周孔作而君師乎天

下懼斯道終昧而人人日用莫之覺也故或爲之圖或

爲之書或爲之卦爻而繫其辭道本無象也不得已示

之以象道本無言也不得已示之以言所以爲斯人慮

至深且遠而斯道傳之萬世卒賴有此圖書易卦可証

也柰何傳久失真諸儒又各以意見穿鑿附會妄亦批補

經濟類編卷一

帝王類一

君道二十四則

周亢倉楚君道篇 始生之者天地養成之者人也
能養天之所生而物櫻之謂之天子天子之動也以
全天氣故此官之所以自立也立官者以全生也令

明北海馮琦篡

弟馮瑗

楚黃門人周家棟校

淮南門人吳光義

30209　經濟類編一百卷　（明）馮琦輯　明萬曆三十二年（1604）刻本

大連圖書館

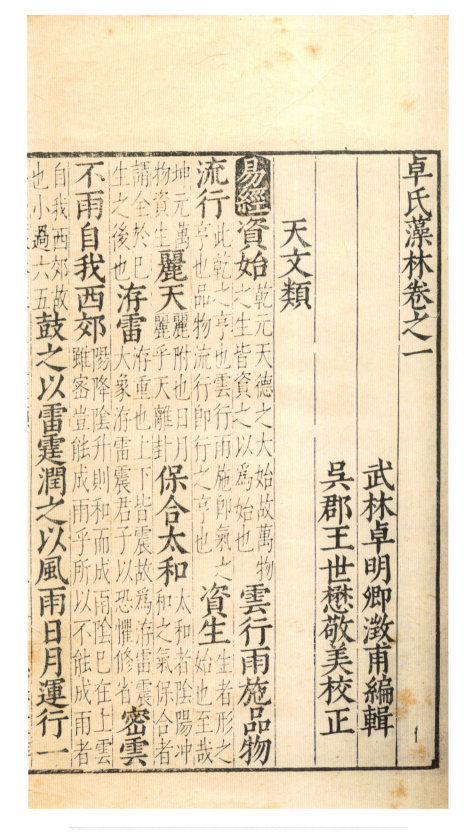

卓氏藻林卷之一

武林卓明卿澂甫編輯

吳郡王世懋敬美校正

天文類

易經

資始 乾元天德之大始故萬物生皆資之以為始也

流行 此乾之大亨也品物流行卽行之之亨也

雲行雨施品物流行 雲行雨施郞氣大亨之

資生 生者也至哉坤元萬物資生者形之也

麗天 麗乎天離卦日月大象

洊雷 大象洊雷震洊重也上下皆震故為洊雷震

保合太和 太和者陰陽冲和之氣保合者

密雲

不雨自我西郊 陽降密豈能成雨以不能成雨者

鼓之以雷霆潤之以風雨日月運行一

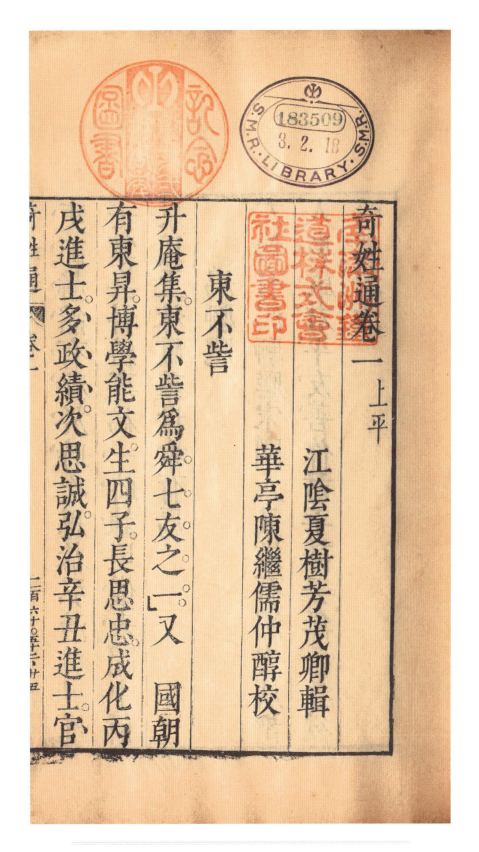

戌進士多政績次思誠弘治辛丑進士官

有東昇博學能文生四子長思忠成化丙

升庵集東不訾爲舜七友之一又 國朝

東不訾

奇姓通卷一上平

江陰夏樹芳茂卿輯

華亭陳繼儒仲醇校

30211　奇姓通十四卷　〔明〕夏樹芳撰　明天啓四年（1624）宛委堂刻本

山堂肆考天文第一卷

○天

　　明　　維揚　　彭大翼　雲舉父　編

　　　　　　豫章　　熊　瑞　憲祥父

　　　　　　清漳　　黃日謹　元祗父

　　　　　　溫陵　　杜　業　可大父　校閱

　　　　　　蘄江　　伍可受　汉大父

　　　　　　容州　　楊際會　士遇父

　　　　　　溫陵　　潘　洙　士昴父

　　　　　　弟　　　彭大翱　雲健父　全校

河圖括地象。易有太極是生兩儀。兩儀未分其氣

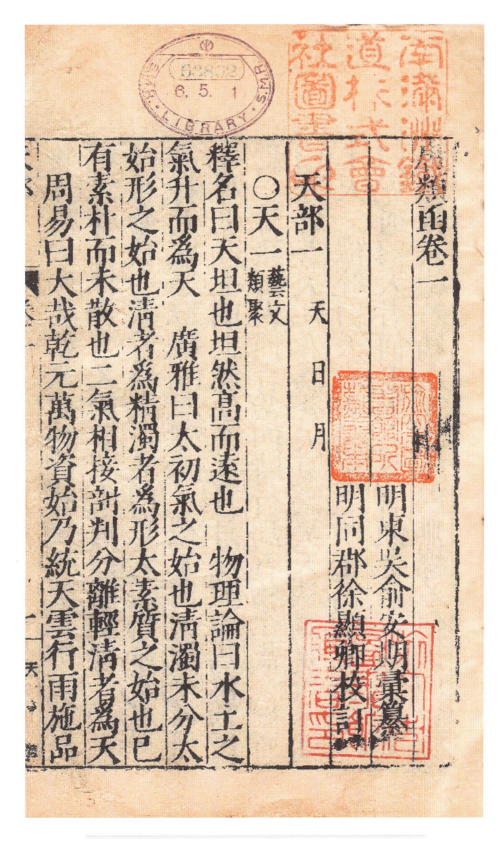

30213　唐類函二百卷　（明）俞安期輯　明萬曆三十一年（1603）德聚堂
刻本　大連圖書館

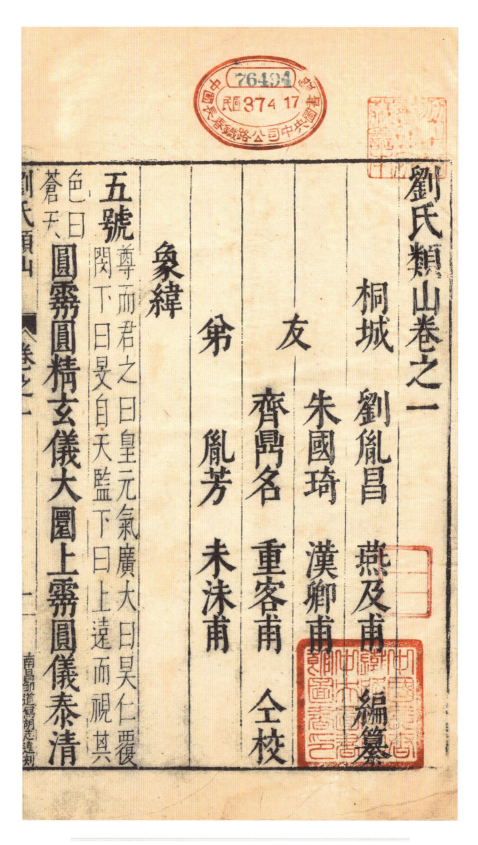

劉氏類山卷之一

桐城　劉胤昌　燕及甫　編纂

友　　朱國琦　漢卿甫

　　　齊爾名　重客甫　全校

弟　　胤芳　未沐甫

象緯

五號

　尊事而君之日皇二元氣廣大曰昊仁覆
　閣下日昊自天監下曰上遠而視其
色曰蒼天、圓霧圓精玄儀大圜上霧圓儀泰清

劉氏類山　　卷之一　　　一　　南昌鄒道寫胡志遠刻

30214　劉氏類山十卷　　〔明〕劉胤昌撰　明萬曆三十三年（1605）刻本

大連圖書館

客窗餘錄詩林玉屑卷之一

西蜀王光裕古愚甫集
三吳孫履恒　甫　　仝註
關中羅秀士　甫
江右陳以躍司霖甫校訂

天文部

天、

玉儀
在璇璣玉衡　天之道其猶張
以齊七政書　張弓引乎老子
長安有銅渾　覆盆盆狀論衡
天儀述征記　天與地若覆

銅渾
天儀述征記　天垂象見吉
長安有銅渾　象凶易
　　　　　　圓蓋以天象蓋
　　　　　　劉氏正曆

30215　**客窗餘錄詩林玉屑二十二卷**　（明）王光裕輯　（明）孫履恒

羅秀士注　明刻本　大連圖書館

存十四卷（一至四、七至十六）

劉氏鴻書卷一

　　　　明　宣城劉仲達　纂輯

天文部一　　　太史湯賓尹　刪正

天

伯陽父曰有物混成先天地生獨立而不改周行而不

殆可以爲天地毋未有天地之蒔其氣混沌如雞子滇

溙始芽鴻濛滋萌太極元氣函三爲一極中也元始也

清輕者上爲天濁重者下爲地沖和之氣爲人芒雜之

氣爲物孕在天地未分之前元氣混而爲一是⋯太初太

30216　**劉氏鴻書一百八卷**　（明）劉仲達輯　明萬曆刻本　大連圖書館

精選黃眉故事卷之一

饒郡鄧百拙生　彙編

象

乾象

〔類〕上古蒼頡、古帝王號　製字、天雨粟、鬼夜哭

〔記史〕夏禹之時、天雨金三日、百姓殷富

雨金雨粟

上翰札

●天

求友字

母死家貧不能辦葬事、天雨其錢、遂得襄事

夢登天所〔記史〕秦穆公夢至帝所觀鈞天廣樂鈞天

帝錫之策、秦遂昌

〔記史〕陶侃夢生八翼飛而上天、見天門九重登其八闔者、天使守門以杖擊之困墜地折左翼後侃爲八州都督、〔唐書〕盧杞夢登碧霄見

折左翼後侃爲八州都督

〔唐書〕盧杞夢登碧霄見

蕭遙遊署

30217　**精選黃眉故事十卷**　（明）鄧志謨輯　明萬曆四十四年（1616）
刻本　大連圖書館

八編類纂卷之一

六經類

易

漢儒所說龜文可證者莫如大戴禮經注之言大抵
圖書之說至宋始詳其源發于希夷而劉牧乘孫書
謂昌傳希夷之學其紊亂圖書特錯午言之以秘其
術爾　熊明來辯　河圖洛書
乹知河圖洛書者皆伏羲之所以作易而洪範九疇
則禹之所自敘而非洛書也　陰陽奇偶之數洪範無

30218　八編類纂二百八十五卷　（明）陳仁錫輯評　明天啓刻本　大連
圖書館

潛確居類書卷之一　　史官陳仁錫明卿父纂輯

玄象部一　形氣

　星一　日　月

形氣

堪輿○張晏曰堪輿。天地總名也

陰陽○《易》立天之道曰陰與陽○戚公綏天地賦體。

而言之則曰兩儀假而言之則曰乾坤。氣而言之

則曰陰陽性而言之則曰剛柔色而言之則曰玄

黃

渾元○幽通賦渾元運物○師古曰渾元。天地之氣

潛確居類書　　卷之一　玄象部一　形氣

30219　潛確居類書一百二十卷　　〔明〕陳仁錫輯　明崇禎映雪草堂刻本

大連圖書館

羣書典彙卷之一

閩清寧黃道周石齋父評輯

天地類

天地

夫乾確然示人易矣○確然　夫坤隤然順貌示人簡矣○易係

乾知大始○始一知主也○不坤作成物而成物承天之施○天地之道貞觀

者也○貞明者也○○天地定位坤上乾下○山澤通氣

氣○良居東南○雷風相薄相震為雷巽為風○水火不相射○相薄而不相悖易係

兇居西北○

八庶徵曰雨曰暘曰燠曰寒曰風五者來備各以其敘庶草蕃

五寧修咎徵各

30220　羣書典彙十四卷　（明）黃道周輯　明崇禎十六年（1643）敦古齋刻本　大連圖書館

庶物異名疏卷一

橋李陳懋仁無功著

天部

　黃甲　　青丙、

刷髀日高圖注黃甲與青丙相連于城去天名
甲甄彎曰上天名青丙乾鑿度曰聖人索顛作
天又一大之物曰天
黃極、

春秋運斗樞曰處犠女媧神農三皇皇者中也

庶物異名疏　卷一　天部

一

新刊劉翰林家傳科塲急用表學龍門獻捷卷之一

翰林庶吉士　雲嶠　劉日寧　輯
同年庶吉士　思白　董其昌　校
同年庶吉士　順菴　王肯堂　訂

朝廷大典門

聖慶類

[登極]　○運合風雲萬國觀龍飛之象，易雲従龍風従虎虎聖人作而萬物觀心傾江漢千官蕭虎拜之儀 注漢詩云虎召猥楷首天子萬年虎召猥公名之 母癸祥銀牓預占百辟之刑方東明山氈德璇宮鳳係群神異經東 發祥銀牓預占百辟之刑 每德璇宮鳳係群 有官青石為門有銀房金室擁鳶旌而入虎闇學先齒胄宮徐廣東宮頌命 碧鑛題日天地長男之牕 擁鳶旌而入虎闇學先齒胄宮頌命 服惟九龍旗旌國子之皆 虎闇文選讓崗降仁卜齒鼎鋪金聲而光王潤主器承桃大于什 尊須尊道讓崗降仁卜 問鋪以金聲光以王潤 仁孝性成同周室寢門之三至王為世

30222　新刊劉翰林家傳科塲急用表學龍門獻捷六卷判學龍門獻
捷一卷　（明）劉日寧輯　明萬曆刻本　大連圖書館

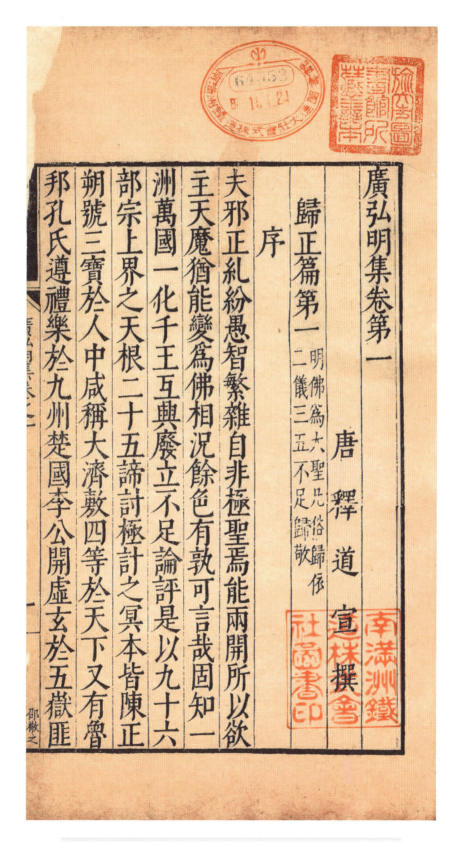

廣弘明集卷第一

歸正篇第一 明佛爲太聖凡俗歸依
二儀三五不足歸敬

序

唐　釋　道　宣　撰

夫邪正糺紛愚智繁雜自非極聖焉能兩開所以欲
王天魔猶能變爲佛相況餘色有孰可言哉固知一
洲萬國一化千王互與廢立不足論評是以九十六
部宗上界之天根二十五諦討極討之冥本皆陳正
朔號三寶於人中咸稱大濟敷四等於天下又有僧
邦孔氏遵禮樂於九州楚國李公開虛玄於五嶽匪

30223　弘明集十四卷　（南朝梁）釋僧祐輯　廣弘明集三十卷　（唐）釋
道宣輯　明萬曆十四年（1586）刻本　大連圖書館

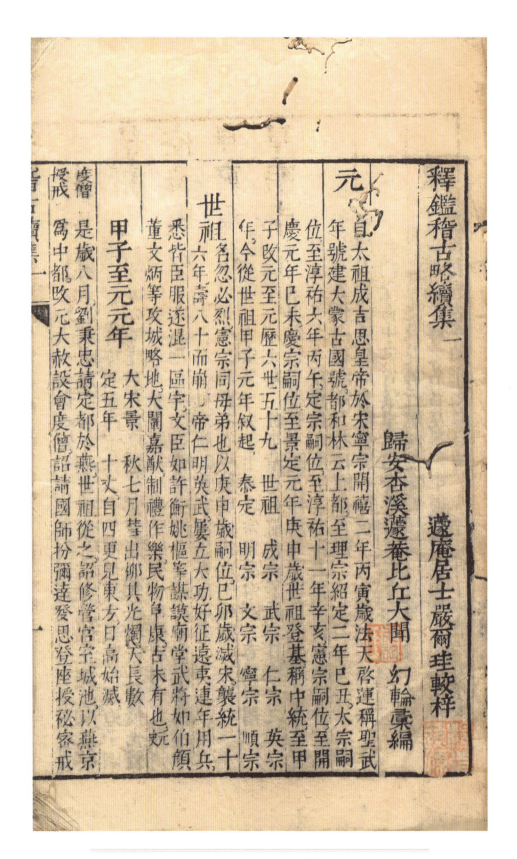

30224　釋鑑稽古略四卷 〔元〕釋覺岸撰　**續集三卷** 〔明〕釋大聞輯

明崇禎十一年（1638）刻本　大連圖書館

五燈會元卷第一

七佛

毗婆尸佛　尸棄佛

毗舍浮佛　拘留孫佛

拘那含牟尼佛　迦葉佛

釋迦牟尼佛

西天祖師

一祖摩訶迦葉尊者　二祖阿難尊者

三祖商那和修尊者　四祖優波毱多尊者

五祖提多迦尊者　六祖彌遮迦尊者

七祖婆須密尊者　八祖佛陀難提尊者

九祖伏馱密多尊者　十祖脅尊者

十一祖富那夜奢尊者　十二祖馬鳴尊者

30225　五燈會元二十卷　（宋）釋普濟撰　明成化十一年（1475）刻本

遼寧省圖書館

淨土資糧全集卷之一

古杭雲棲寺蓮池禪師袾宏校正

檇李桐邑淨業弟子莊廣還輯

淨土往生章 西方淨土極樂世界也

考證 示西方。良由心無二用。功戒雜施上

都儀云。歸命三寶要指方立相住心尚乃不得況離相即故偏指極樂者不止西方偏指故西方偏指方立相即故偏取境上

疏鈔云。十方世界皆有淨土。何為獨指

經云。佛國無量於無苦有樂者如願往生故隨願往生故

別有極樂者何。一以因勝。四十八願普度衆生故

專求極樂者何。一以緣勝

從生故。一以緣勝。四十八願普度衆生故

30226　淨土資糧全集六卷　（明）莊廣還撰　明萬曆二十八年（1600）

刻本　大連圖書館

新鎪抱朴子內篇卷之一

吳興郡山 慎懋官 校

暢玄卷第一 卷二同

抱朴子曰玄者自然之始祖而萬殊之大宗也眇

眛乎其深也故稱微焉綿邈乎其遠也故稱妙焉其高

則冠蓋乎九霄其曠則籠罩乎八隅光乎日月迅乎

電馳或倏爍而景逝或飄滭而星流或混漾而淵澄

或雰霏而雲浮因兆類而為有託潛寂而為無淪大

幽而下沉凌辰極而上遊金石不能比其剛湛露不

能等其柔方而不矩圓而不規來焉莫見往焉莫追

30227　新鎪抱朴子內篇四卷外篇四卷　（晋）葛洪撰　（明）慎懋官校
明萬曆十二年（1584）刻本　大連圖書館

真誥卷之一

梁華陽隱居陶弘景撰

明震維居士俞安期校

運象篇第一

萼綠華詩

神嶽排霄起飛峰鬱千尋寥籠靈谷虛瓊林

蔚蕭森（1）此一字被墨濃黯不復可識正中抽一脚出下似是羊字其人名權

生標美秀弱冠流清音棲情莊慧津超形象

魏林揚彩朱門中內有邁俗心我與夫子族

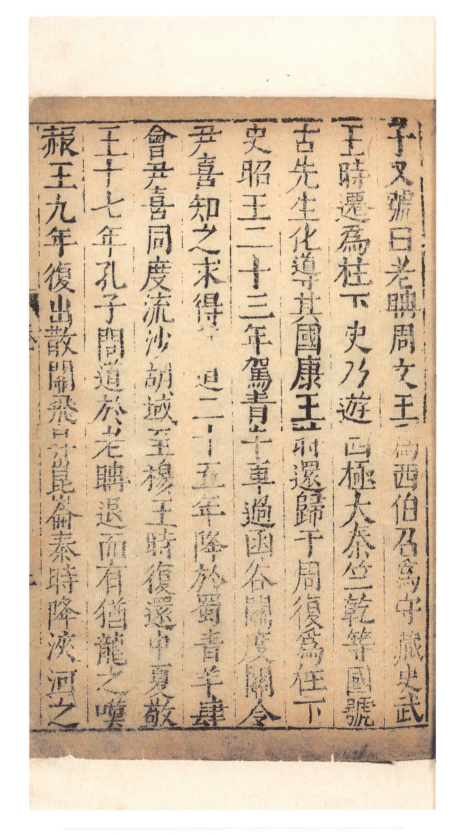

30229　月旦堂新鐫繡像列仙傳四卷　（明）洪應明輯　明末刻本

大連圖書館

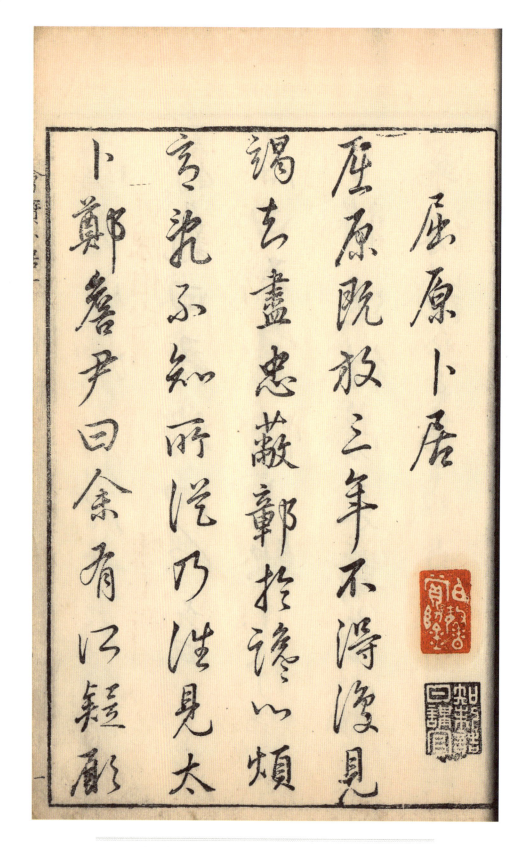

30230　文字會寶不分卷　（明）朱文治輯　明萬曆三十六年（1608）刻本

大連圖書館

大佛頂如來密因修證了義諸菩薩萬行首楞嚴經

合論卷第一

一名中印度那爛陀大道塲經於灌部錄出別行

天竺沙門般剌密諦譯

烏萇國沙門彌伽釋迦譯語

正議大夫同中書門下平章事房融筆受

筠溪沙門德洪造論

東吳沙門正受薈論入經并刪補

稽首智無礙　對現玅色身　無陋金剛句

出情無比法　靜專福德藏　怖魔和合衆

30231　大佛頂如來密因修證了義諸菩薩萬行首楞嚴經合論十卷

（宋）釋德洪撰　明萬曆十七年（1589）刻徑山藏本　大連圖書館

楚辭後語卷一

宋新安朱

明橋李蔣之翹校

成相

成相者楚蘭陵令荀卿子之所作也荀卿趙人名况
學於孔氏門人駢臂子弓者尤邃於禮著書數萬言
少遊學於齊歷威宣至襄王時三為稷下祭酒後以
避讒適楚春申君以為蘭陵令春申君死荀卿亦廢
遂至蘭陵而終焉此篇在漢志號成相雜辭凡三章

30232　楚辭疏十九卷讀楚辭語一卷楚辭雜論一卷　（明）陸時雍撰
屈原傳一卷　（漢）司馬遷撰　明末綰柳齋刻本　遼寧大學圖書館

陳後主集卷全

明太倉張溥閱

賦

夜亭度鴈賦

春望山樞日煖苔生雲隨竹動月共水明暫逍
遙於夕逕聽霜鴻之度聲聲已懷切猶合關
塞鳴從風兮前侶駭帶暗兮後群驚帛久兮書
字滅蘆束兮斷銜輕行雜響時亂響雜行時散

30233　陳後主集一卷　〔南朝陳〕後主陳叔寶撰　〔明〕張溥編　明婁東
張氏刻漢魏六朝百三家集公文紙印本　遼寧省圖書館

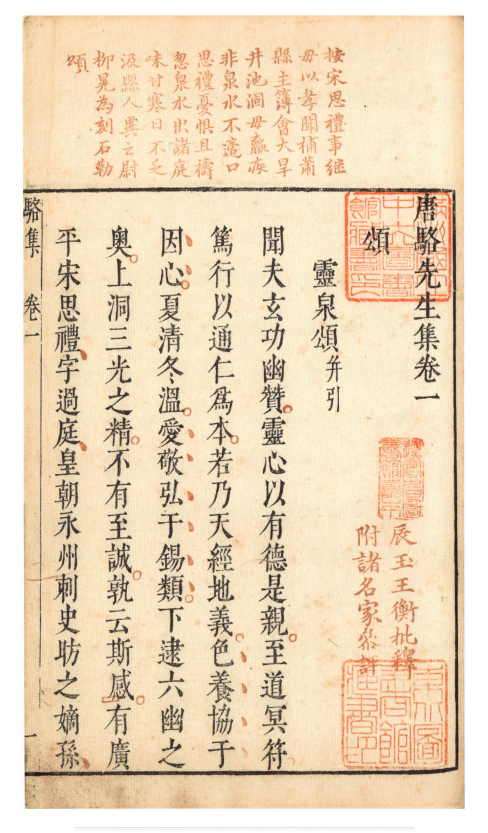

按宋思禮事繼
毋以孝聞補蕭
縣主簿會大旱
井池洞母羸疾
非禮夏不遠口
思禮憂懼且禱
忽泉水出諸庭
味甘寒口不乏
汲縣人異云尉
柳晃為刻石勒
頌

唐駱先生集卷一

頌

靈泉頌并引

聞夫玄功幽贊靈心以有德是親至道冥符
篤行以通仁爲本若乃天經地義色養協于
因心夏清冬溫愛敬弘于錫類下逮六幽之
奧上洞三光之精不有至誠孰云斯感有廣
平宋思禮字過庭皇朝永州刺史玭之嫡孫

辰玉王衡批釋
附諸名家發評

駱集 卷一

一

30234　唐駱先生集八卷　（唐）駱賓王撰　（明）王衡等評釋　**附錄一卷**

明凌毓柟刻朱墨套印本　遼寧省圖書館

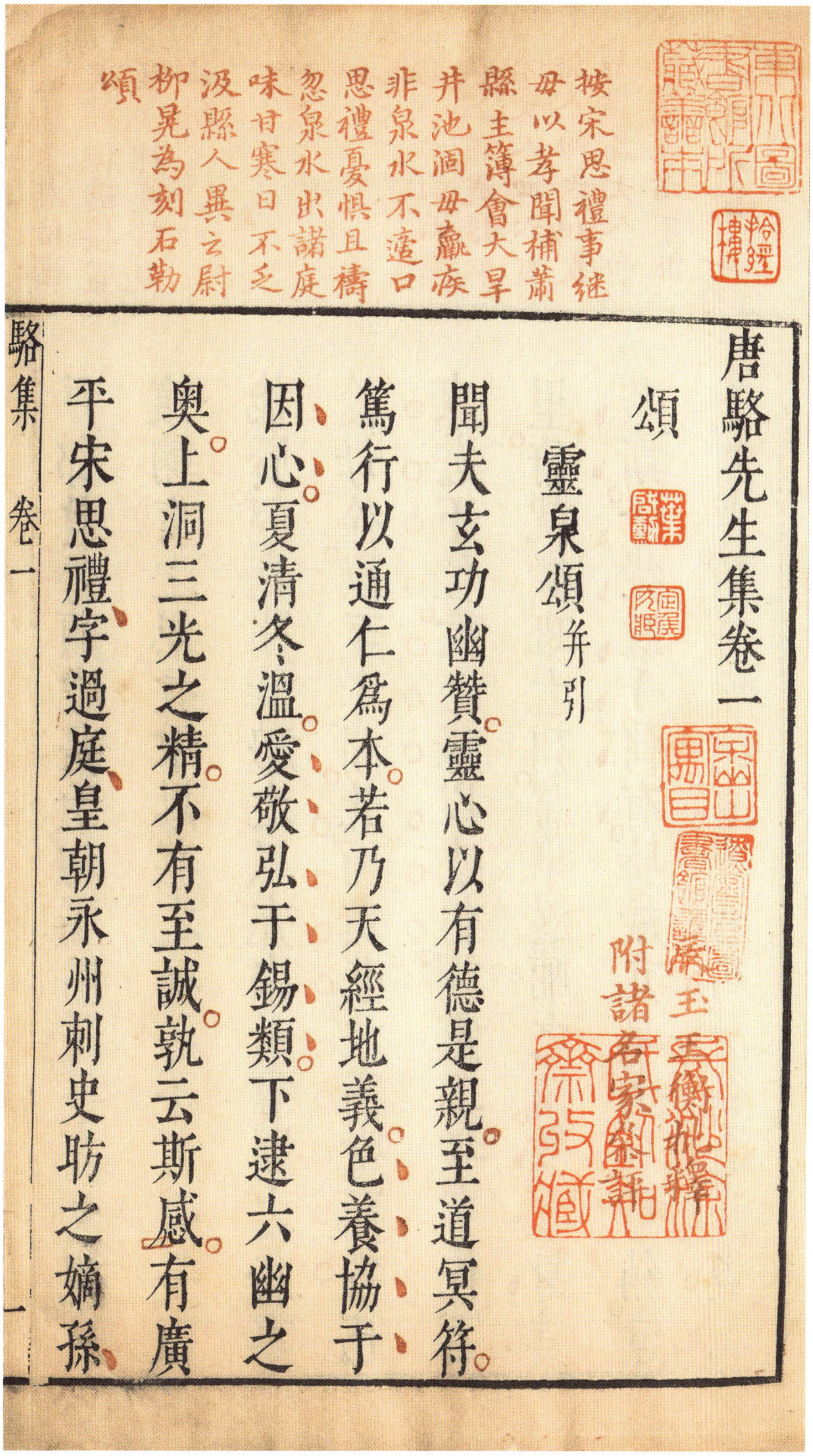
按宋思禮事繼母以孝聞補蕭縣主簿會大旱井池涸母羸疾非泉水不適口思禮憂懼且禱忽泉水出諸庭味甘寒日不乏汲縣人異云尉柳晃為刻石勒頌

唐駱先生集卷一
王衡批釋
附諸名家評
頌
靈泉頌并引
聞夫玄功幽贊靈心以有德是親至道冥符篤行以通仁爲本若乃天經地義色養協于因心夏凊冬溫愛敬弘于錫類下逮六幽之奧上洞三光之精不有至誠孰云斯感有廣平宋思禮字過庭皇朝永州刺史昉之嫡孫

駱集　卷一　一

30235　唐駱先生集八卷（唐）駱賓王撰　（明）王衡等評釋　**附録一卷**

明凌毓枏刻朱墨套印本　遼寧省圖書館

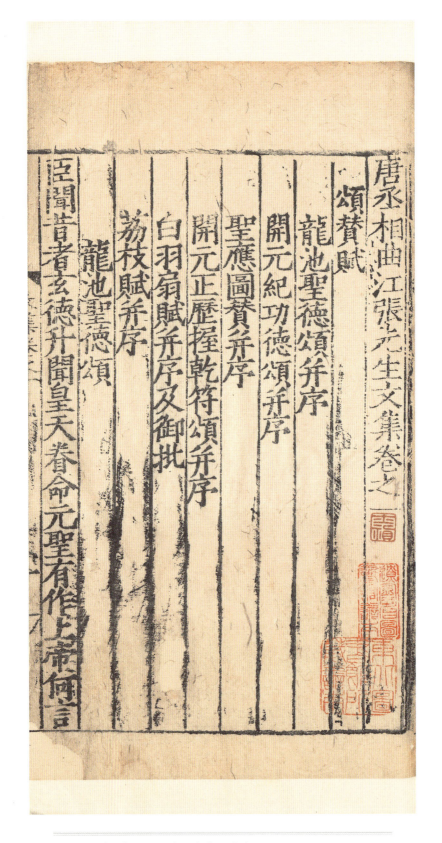

30236　唐丞相曲江張先生文集二十卷　（唐）張九齡撰　明嘉靖十五
年（1536）湛若水刻本　遼寧省圖書館

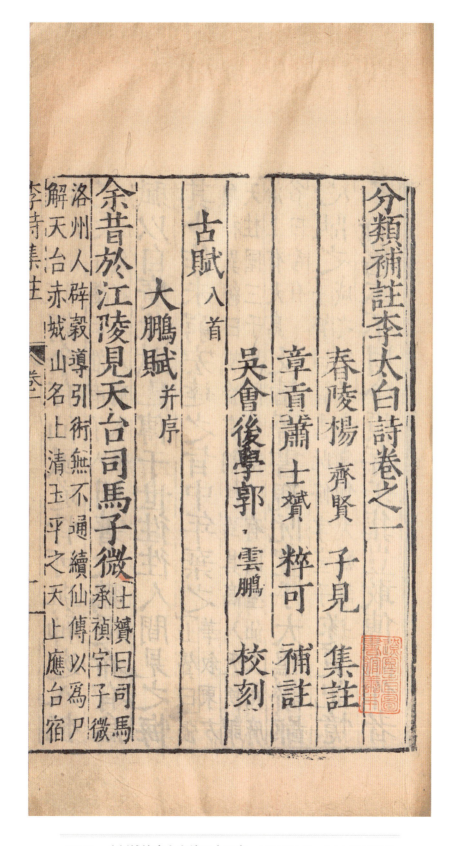

分類補註李太白詩卷之一

春陵楊齊賢 子見 集註

章貢蕭士贇 粹可 補註

吳會後學郭 雲鵬 校刻

古賦八首

大鵬賦 并序

余昔於江陵見天台司馬子微 （士贇曰司馬子微承禎字子微洛州人碎榖導引衔無不通績仙傳以爲尸解天台赤城山名上清玉平之天上應台宿

李詩集註 卷一

集千家註杜工部詩集卷之一

大明嘉靖丙申玉几山人校刻

遊龍門奉先寺 河南南縣 魯訔曰龍門在東都

山一名伊闕而俗名龍門 黃鶴曰唐

志河南自龍門山東抵天津有伊水

然後漢與河中府爲鄰而河中有龍門

按馮翊與河中府爲鄰而河中有龍

門縣又有龍門山志云北有龍

門之地土記云梁山北有龍門又

河中之境故河南縣有龍門關又有龍門鎮又有闕倉

九域志云故河南縣有龍門鎮又有闕

塞山云即龍門薛仁貴傳云自秦

門人則絳州亦有龍門公自秦趙同

朱文公校昌黎先生文集卷之一

晦庵朱先生考典　嵒畊王先生音釋

馮合

宋苕公云馮章靖親校舊每卷首具列卷中篇目馮愻
以朱熹藏殺之惟存其者凡集夕別有目録一卷今按
李漢所作序云總七百首并目録合四十一卷則正與

賦

感二鳥賦并序

集註正元十一年公以前進士三上宰相書不報東
歸感所獻二鳥而賦之時寧相趙憬賈耽盧邁也

貞元十一年譜考之作一或作五方云以諸為是
五月戊辰愈東歸癸酉自潼

30239　朱文公校昌黎先生文集四十卷外集十卷集傳一卷遺文
一卷　（唐）韓愈撰　明嘉靖應鳴鳳刻本　遼寧省圖書館

柳文卷之一

與李翰林建書

杓直足下州傳遞至得足下書又於夢得處得

足下前次一書意皆勤厚莊周言逃蓬藋者聞

人足音則跫然喜僕在蠻夷中此得足下二書

及致藥餌喜復何言僕自去年八月來痞疾稍

巳往時間一二日作今一月乃二三作用南人

檳榔餘甘破決壅隔大過陰邪雖敗巳傷正氣

30240　柳文七卷　〔唐〕柳宗元撰　〔明〕茅坤評　明刻朱墨套印本

遼寧省圖書館

孟東野詩集卷一

唐　武康孟郊　撰

宋　天台國材　評

樂府上

列女操

梧桐相待老鴛鴦會雙死貞婦貴徇夫捨生亦如

此波濤誓不起妾心井中水

瀟上輕薄行

并水無波語

思巧焉

孟東野卷一

一

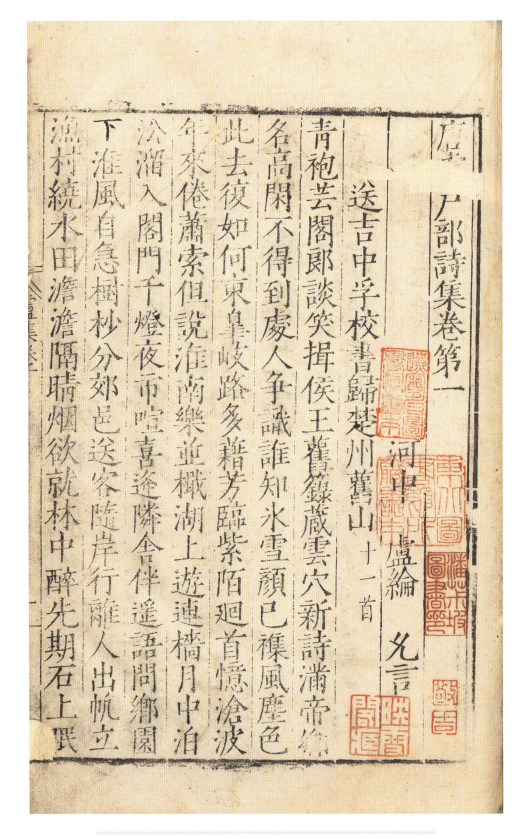

戶部詩集卷第一

送吉中孚学校書歸楚州龔山 十一首

河中 盧綸 允言

青袍芸閣郎談笑揖侯王舊篋藏雲穴新詩滿帝鄉

名高閑不得到處人爭識誰知氷雪顔已襯風塵色

此去復如何東皋岐路多藉芳臨紫陌迴首憶滄波

年來倦蕭索但說淮南樂並機湖上遊連橋月中泊

沿溜入閣門千燈夜市喧喜逢隣舍伴遙語問鄉園

下湍風自急榔杪分郊邑送客隨岸行離人出帆立

漁村繞水田澹澹隔晴煙欲就林中醉先期石上眠

30242　唐盧戶部詩集十卷　（唐）盧綸撰　（明）蔣孝編　明嘉靖二十

九年（1550）武進蔣孝刻中唐十二家詩集本　遼寧省圖書館

司馬溫公文集卷一

山右督學使吳時亮元亮甫發刻

平陽府知府劉餘祐

平陽府推官白　檻

夏　縣知縣王彥葵仝發刻

平陽府教授譚文化仝　訂

制誥

殿前都指揮使節度使加宣徽南院使制　限二百字

以上

成

30243　司馬溫公文集八十二卷　〔宋〕司馬光撰　明崇禎元年（1628）

吳時亮刻清康熙四十七年（1708）蔣起龍補刻本　遼寧省圖書館

南豐先生元豐類藁卷第一

南豐後學邵廉校刊

古詩

冬望

霜餘荊吳倚天山鐵色萬仞光鋩開麻姑寂秀揷東

極一峯挺立高巋巋我生智出豪俊下遠跡乂此安

蒿萊譬如驊騮蹄天路六轡堂堂議收驚駒巓崖初冬

未水雪蘚花入薖思莫裁長松夾樹蓋十里蒼顏毅

氣不可廻浮雲栁絮誰汝礙欲徃自尼誠愚哉南窻

聖賢有遺文瀟簡字字傾琪瑰旁搜遠探得戶牖入

伊川擊壤集卷一

　　伊川邵雍堯夫

觀棋大吟

人有精游藝子嘗觀弈棊算餘知造化著外見幾微
好勝心無已爭先意不低當人盡賓主對面如蠻夷
財利激于衷喜怒見于頤生殺在于手與奪指于頤
戾不殊冰炭和不侔塤箎義不及朋友情不通夫妻
珠玉出懷袖龍蛇走肝脾金湯起壿俎劍戟交幟幢
白晝役鬼神平地蟠蛟螭空江響雷電陸海誅鯨鯢
寒暑同舒慘昏明共蔽虧山河璨興地星斗會璇璣

30245　伊川擊壤集二十卷　（宋）邵雍撰　明末文靖書院刻本　遼寧省
圖書館

居士集卷第一　　歐陽文忠公集一

南豐後學邵廉校刊

古詩二十八首

顏跖

顏回飲瓢水陋巷卧曲肱盗跖獄人肝九州恣橫行

回仁而短命跖壽死免兵愚夫仰天呼禍福豈足憑

跖身一腐鼠死朽化無形萬世尚遭戮筆誅甚刀刑

思其生所得豺犬飽臭腥顏子聖人徒生知自誠明

惟其生之樂豈減跖所榮死也至今在光輝輝光如（一作）

日星譬如埋金玉不耗精與英生死得失間較量誰

30246　歐陽文忠公集一百五十三卷　（宋）歐陽修撰　**附録五卷**

明隆慶五年（1571）邵廉刻本　遼寧省圖書館

歐陽文忠公文抄卷一

準詔言事上書

歐公經畧已具見其槩矣

月日臣脩謹昧死再拜上書于皇帝陛下臣近

準詔書許臣上書言事臣學識愚淺不能廣引

深遠以明治亂之原謹採當今急務條爲三弊

五事以應詔書所求伏惟陛下裁擇臣聞自古

王者之治天下雖有憂勤之心而不知致治之

使有開門手

歐文　卷一　一

30247　歐陽文忠公文抄十卷　（宋）歐陽修撰　（明）茅坤評　明刻朱
墨套印本　遼寧省圖書館

歐陽文忠公文抄卷一

準詔言事上書

歐公經畧已具見其槩矣

月日臣脩謹昧死再拜上書于皇帝陛下臣近
準詔書許臣上書言事臣學識愚淺不能廣引
深遠以明治亂之原謹採當今急務條爲三弊
五事以應詔書所求伏惟陛下裁擇臣聞自古
王者之治天下雖有憂勤之心而不知致治之

便有關門手

歐文 卷一

一

30248　歐陽文忠公文抄十卷　（宋）歐陽修撰　（明）茅坤評　明刻朱
墨套印本　遼寧省圖書館

蘇老泉文集卷一

幾策

焦竑曰易言幾者吉之先見者也 何不燕言凶見幾箸吉隹凶六 吉倚老泉幾策所以作也

審勢 立一句大意起

治天下者定所上所上一定至於千萬年而不
變使民之耳目純于一而子孫有所守易以為
治故三代聖人其後世遠者至七八百年夫豈
惟其民之不忘其功以至于是盖其子孫得其
祖宗之法而為依據可以永久夏之尚忠商之

茅坤曰宗忠厚
立國其失也弱
故蘇氏父子往
往注議于此以
矯當世者他囘
護轉換救首救
尾之妙

蘇老泉集 卷一

一

30249 蘇老泉文集十三卷 〔宋〕蘇洵撰 〔明〕茅坤 焦竑等評
明凌濛初刻朱墨套印本 遼寧省圖書館

復不必寫以下

臨川先生文集卷第二

古詩

元豐行示德逢

後元豐行

夜夢與和甫別因寄純甫

純甫出釋惠崇畫要予作詩

徐熙花

燕侍郎山水

陶縝菜

逆沈氏妹于白鷺洲遇雪作詩寄天騭

招約之職方并示正甫書記

同王濬賢良賦龜

30250　臨川先生文集一百卷目録二卷　（宋）王安石撰　明嘉靖三十

九年（1560）何遷刻本　遼寧省圖書館

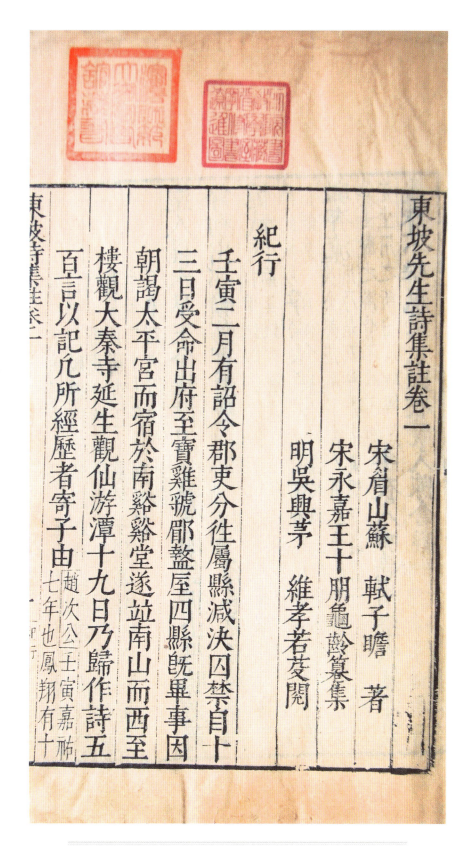

紀行

壬寅二月有詔令郡吏分往屬縣減決囚禁自

三日受命出府至寶雞虢郿盩厔四縣既畢事因

朝謁太平宮而宿於南谿谿堂遂並南山而西至

樓觀大秦寺延生觀仙游潭十九日乃歸作詩五

百言以記凡所經歷者寄子由

東坡先生詩集註卷一

宋　眉山蘇　軾子瞻　著

宋　永嘉王十朋龜齡纂集

明　吳興茅　維孝若芟閱

30251　東坡先生詩集註三十二卷　（宋）蘇軾撰　題（宋）王十朋纂集
（明）茅維芟閱　明末刻本　瀋陽師範大學圖書館

蘇長公表卷

密州謝上表

臣軾言昨奉勅差知密州軍州事已於今月三

日到任上訖草芥賤微敢干洪造乾坤廣大曲

遂私誠受命撫躬已自知其不稱入境問俗又

復過於所期臣軾中謝伏念臣家世至寒性資

甚下學雖篤志本先朝進士篆刻之文論不適

時皆老生常談陳腐之說分於聖世處以散材

蘇長公表卷一

一

30252 蘇長公表五卷 （宋）蘇軾撰 （明）李贄等評 明凌濛初刻朱墨
套印本 遼寧省圖書館

茅庵門曰東坡
頌此等文字韓
歐所不欲爲此筆
見解及韓歐所不
能及由蘇長公
悟禪宗及過南
海後遍歷刦刦
以此心性超明乃
至于此可謂絕世
之文矣
王聖俞曰公
諸頌得意慶寰
然忘言

東坡禪喜集一

頌

釋迦文佛頌 并引

端明殿學士兼翰林侍讀蘇軾爲亡妻

同安郡君王氏閏之請奉議郎李公麟

敬畫釋迦文佛及十大第子元祐八年

十一月十一日設水陸道場供養軾拜

手稽首而作頌曰

東坡禪喜集一

真寔居士

即空居士凌濛初輯讀

30253　東坡禪喜集十四卷　（宋）蘇軾撰　（明）馮夢禎批點　（明）

凌濛初輯　明天啓元年（1621）凌濛初刻朱墨套印本　遼寧省圖書館

蘇長公合作卷一

赤壁賦

壬戌之秋七月既望蘇子與客泛舟遊於赤壁之
下清風徐來水波不興舉酒屬客誦明月之詩歌
窈窕之章少焉月出於東山之上徘徊於斗牛之
間白露橫江水光接天縱一葦之所如凌萬頃之
茫然浩浩乎如馮虛御風而不知其所止飄飄乎
如遺世獨立羽化而登仙於是飲酒樂甚扣舷而

李九我曰此賦
倣莊騷其天然
之才淵然之識
其見之矣
邵二泉曰風月
二字是一篇張
本

逍遙篇列子御
風而行冷然善
也

陳眉公曰延樂
景斐斐疊疊令
人心醉

月在水中謂空

蘇長公合作卷一

30254　蘇長公合作八卷補二卷　（宋）蘇軾撰　（明）鄭圭輯　**附錄**

一卷　明萬曆四十八年（1620）凌啓康刻三色套印本　遼寧省圖書館

茅鹿門曰東坡試論欠字悠楊婉宕屋中極利者也

蘇文卷之一

刑賞忠厚之至 省試

此東坡所作時才爛姑自不可天

堯舜禹湯文武成康之際何其愛民之深憂民之
切而待天下以君子長者之道也有一善從而賞
之又從而咏歌嗟歎之所以樂其始而勉其終有
一不善從而罰之又從而哀矜懲創之所以棄其
舊而開其新故其吁俞之聲歡休慘戚見于虞夏
商周之書成康既没穆王立而周道始衰然猶命
其臣呂矦而告之以祥刑其言憂而不傷威而不

東坡文卷一

一

30255　蘇文六卷　（宋）蘇軾撰　（明）茅坤等評　明閔爾容刻三色套印本
遼寧省圖書館

蘇文忠公策選卷之一

歸安鹿門茅坤

景陵伯敬鍾惺批評

御試制科策一道

皇帝若曰朕承祖宗之大統先帝之休烈深惟

寡昧未燭於理志勤道遠治不加進夙興夜寐

于茲三紀朕德有所未至教有所未孚闕政尚

多和氣或戾田野雖闢民多亡聊邊境雖安兵

不得撤利入已浚浮費彌廣軍乞而未練官冗

蘇文忠公策選卷一

一

30256　蘇文忠公策選十二卷　（宋）蘇軾撰　（明）茅坤　鍾惺批評

明天啓元年（1621）刻三色套印本　遼寧省圖書館

蘇文忠公策選卷之一

歸安鹿門茅坤

景陵伯敬鍾惺批評

御試制科策一道

皇帝若曰朕承祖宗之大統先帝之休烈深惟

寡昧未燭於理志勤道遠治不加進夙與夜寐

于茲三紀朕德有所未至教有所未孚關政尚

多和氣或鬵田野雖闗民多亡聊邊境雖安兵

不得撤利入已浚浮費彌廣軍冗而未練官冗

蘇文忠公策選卷一

一

30257　蘇文忠公策選十二卷　（宋）蘇軾撰　（明）茅坤　鍾惺批評

明天啓元年（1621）刻三色套印本　遼寧省圖書館

蘇長公小品卷一

古揚王聖俞評選

老饕賦

庖丁鼓刀易牙烹熬水欲新而釜欲潔火惡陳而

薪惡勞九蒸暴而日燥百上下而湯鏖嘗項上之

一臠嚼霜前之兩螯爛櫻珠之煎蜜澆杏酪之蒸

羔蛤半熟而含酒蟹微生而帶糟蓋聚物之夭美

以養吾之老饕婉彼姬姜顏如李桃彈湘妃之玉

蘇長公小品 卷一

天美老饕設
詔甚新雖設
艷賞意不屑
屑
蔡菜之評
東坡先生饕賦
蓋文章之游
戲耳
附考
左傳續雲氏
有不才子食
於飲食冒於

30258 蘇長公小品四卷 （宋）蘇軾撰 （明）王納諫輯并評 明凌啓康

刻朱墨套印本 遼寧省圖書館

30259　蘇長公小品四卷　〔宋〕蘇軾撰　〔明〕王納諫輯并評　明凌啓康

刻朱墨套印本　遼寧省圖書館

蘇長公密語卷一

新安後學吳京省之甫纂輯

詩

息壤詩 并序

淮南子曰鯀堙洪水盜帝之息壤帝使祝

融殺之於羽淵今荆州南門外有狀若屋

宇陷入地中而猶見其春者旁有石記云

東坡密語 卷一 詩 一

青社黃先生伐檀集上

前寧州知州婺源葉天爵　刊行

知州九谿喬遷　訂補

詩

偶書

此心為地把書耕　若問生涯拍六經
欲語世人真富貴　胸中珠玉又黑形

讀救書

詔書一尺洗寰瀛　一舒卷霹靂萬物驚
天祇無私均雨露　地緣強半是榛荊
人間疾苦言悲療　塞外豺狼腹未盈

30261　青社黃先生伐檀集二卷　（宋）黃庶撰　明弘治十八年（1505）
葉天爵刻豫章黃先生文集嘉靖六年（1527）喬遷、余載仕重修本　遼寧省圖書館

淮海集卷一

宋高郵秦觀少游著 明山陰徐渭天池評

賦 附辭

浮山堰賦 并引

梁武帝天監十三年用魏降人王足計欲以淮水灌

壽陽乃假太子右衞康絢節督卒二十萬作浮山堰

於鍾離而淮流湍駛漂疾將合復潰或曰淮有蛟龍

喜乘風雨壞岸其性惡鐵絢以爲然乃引東西冶鐵

器數千萬斤益以薪石沉之猶踰年乃合軀袤九里

淮海集 卷一

30262 淮海集四十卷後集六卷長短句三卷 〔宋〕秦觀撰 〔明〕徐

渭評 詩餘一卷 〔宋〕秦觀撰 〔明〕鄧漢章輯 明末段之錦刻本 遼寧

大學圖書館

屏山集卷第一

論

聖傳論十首

堯舜

道之不明也闡之者晦之也道之不行也執之者
拘之也聖人既沒步驟聖人者日益衆此甲彼乙
不能相續心有主喙喙爭鳴承舛聽訛浸失其
本聖人之道散於百家蕩於末流匿於學者見聞
之外有密知其旨者發而揚之衆必愕眙非詆而

宋文靖公劉子翬著

梅溪先生廷試策卷第一

御試策

問蓋聞監于先王成憲其永無愆遵先王之法而過者

未之有也仰惟祖宗以來立經陳紀百度著明細

畢舉皆列聖相授之模為萬世不刊之典朕續紹

丕圖恪守洪業凡一覽今一施為靡不稽諸故實

惟祖宗成法是憲是若然書一之禁賞刑之具猶昔

也而奸弊未盡革賦斂之制經常之度猶昔也則用

未甚裕取士之科作成之法猶昔也而人才尚未盛熟

陟之典訓迪之方猶昔也而官師或未勵其咎安在豈

道雖父而不渝法有時而或弊損益之宜有不可已邪

30264　梅溪先生廷試策一卷奏議四卷文集二十卷後集二十九卷

（宋）王十朋撰　**附錄一卷**　明正統五年（1440）劉謙、何璸刻天順六年（1462）

重修本　遼寧省圖書館

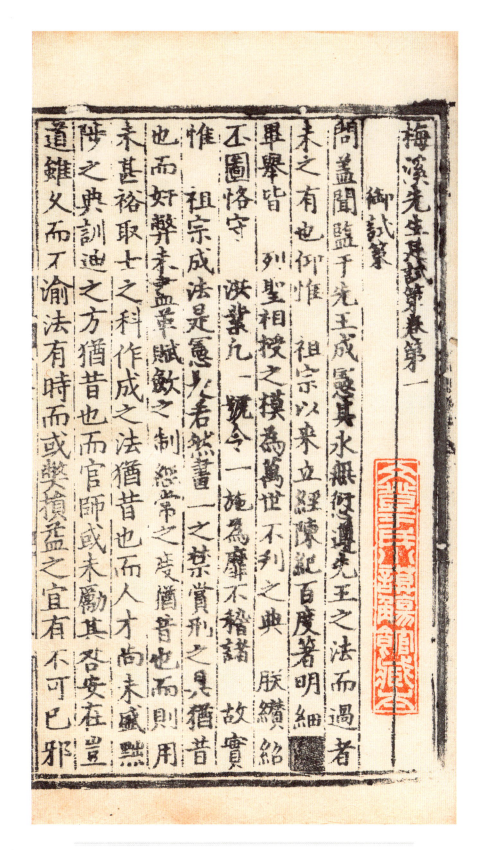

30265　梅溪先生廷試策一卷奏議四卷文集二十卷後集二十九卷

（宋）王十朋撰　**附録一卷**　明正統五年（1440）劉謙、何濬刻天順六年（1462）

重修本　遼寧大學圖書館

盧橘黃甘点
不忝柞入上
林上林点未
必無此

盧橘枇杷暑
不相似胡爲
牽附

邊不同

子之義故虛藉此三人爲辭以風諫焉

故其詞多夸而其事不實如盧橘黃甘之類益　夸音誇俗作益

上林所無者猶莊生之寓言也

上林賦曰盧橘夏熟黃甘橙榛　橙橘屬　盧黑色

也盧橘出建安有爲枇杷之説者旣言盧橘

夏熟又言枇杷燃柿亰用之重複邪廣州記

盧橘皮厚大如柑酢多至夏熟土人呼爲壺

橘則非枇杷矣甘橘屬而味甜形且圓大熟

會稽三賦卷一　風俗

二

30266　會稽三賦四卷　（宋）王十朋撰　（明）南逢吉注　（明）尹壇補
注　（明）陶望齡評　明天啓元年（1621）凌弘憲刻朱墨套印本　遼寧省圖書館

象山先生文集卷之一

書

與邵叔誼

前日竊籟聞嘗以夫子所論齊景公伯夷叔齊之說斷命以
祛俗惑至今歎服不能弭忘笑談之間度越如此輔之切
磋何可當也充其所見推其所為勿怠勿畫益著益察日
躋於純一之地是所望於君子東齊未足言也此天之所
以與我者非由外鑠我也思則得之得此者也先立乎其
大者立此者也積善者老集義者集此者也知德
者知此者也進德者進此者也同此之謂同德異此之謂

南軒文集節要卷之一

廬陵後學聶　豹編輯

四明　楊　言

豫章　李　浙

姚江　史立模

北郡　張鵬翰校正

書

垂諭太極之說其妄意以爲太極所以形性之

妙也性不能不動太極所以明動靜之蘊也極

乃樞極之義聖人於易特名太極二字盖示人

30268　南軒文集節要八卷　〔宋〕張栻撰　〔明〕聶豹輯　明嘉靖十年
（1531）聶豹刻本　大連圖書館

箋釋梅亭先生四六標準卷之一

宋　臨川　李劉　公甫　著

明　曲阿　孫雲翼　禹見　箋

金陵　唐鯉飛　季龍　校

言時政

上史丞相

嘉定丙子○宋史寧宗紀嘉定元年以
史彌遠爲右丞相丙子爲嘉定九年宋
史本傳彌遠字同叔浩之子寧宗崩擁立理宗拜
太師左丞相兼樞密使進封會稽郡王卒追封衛
王益忠獻玭彌遠既誅韓侂胄相寧宗十有七年
治寧宗崩發濟王非寧宗意立理宗又獨相九年
擅權用事專任憸壬理宗德其立已之功不思社
稷大計雖臺諫言其姦惡弗恤也彌遠炙寵渥猶
優其子孫厥後爲製碑銘以公忠坿運定策元勳
題其贅濟王不得其朼識者羣起而論之而彌遠

30269　箋釋梅亭先生四六標準四十卷　（宋）李劉撰　（明）孫雲翼

箋　明萬曆四十四年（1616）刻本　遼寧大學圖書館

秋崖先生小藁卷之一

表

皇太后冊寶賀表以下代虔州

正一元而居極丕昭帝歷之傳煉五色以補天肇輯
毋闕之慶思皇熙德於赫典謨中賀臣竊仰慈宸翊
扶熙運雄聖人退藏於密松黃屋以非心惟天子必
有所尊觀萬化系亮綖接琇追球孝惟恭惟
皇帝時御六陽獨觀萬化系亮接漢緒茂隆擁右
之功握乾符闔坤珍用篤勤勞之報聲名有儒揚厲
無前臣叨紹鴻符遙瞻冊襲六為七欣聞太史之
屬書咸五登三何幸此身之親見

30270　秋崖先生小藁四十五卷　（宋）方岳撰　明嘉靖五年（1526）方
謙刻本　遼寧省圖書館

青陽先生文集卷之一

門人淮西郭奎子章編輯

詩

擬古二首

昔在西京日

昔在西京日縱觀實前聞皇皇九衢裏列第起朱門借問

誰所居丞相大將軍平明事遊謁車馬若雲屯芬芳蘭調羹

昂揜犹鑄酒尊頌美東魯逸奏出西秦廻風薄蘭氣十

里揚清芬東家有狂生容顏若中人謬言擬宣尼幽思切

玄文著書空自苦名宦乃不振悠悠千載下安有楊子雲

青陽集卷之一

30271　青陽先生文集九卷　（元）余闕撰　**附録二卷**　明刻本　遼寧
省圖書館

潛溪集卷一

金華　宋濂著

國朝名臣序頌

帝王之興必有不世出之人豪以自起雲龍風虎之
會易所謂聖人作而萬物覩者是已我皇元受天明
命撫安方夏天戈所指萬方罔從是故一鼓而諸部
服再鼓而夏人納欵三鼓而完顏氏請降四鼓而南
宋平東西北日之出入罔不洽被聲教共惟帝臣雖
麕謀椎斷動無不勝亦賴熊羆之士不二心之臣有
以誕宣天藏故功成治定若是之神速也自今觀之
隮障攻城無戰弗克則有若魯國忠武王之倫面折

30272　**潛溪集八卷**　（明）宋濂撰　**附録一卷**　明嘉靖十五年（1536）

徐嵩、温秀刻本　羅繼祖題跋　遼寧省圖書館

存四卷（一至四）

空同詩選

河之水歌

河之水李子為其子作也以子追不及

河之澱澱望父不見立河干

河水滤滤舟子搖櫓東方漸明爾不得渡

雞鳴歌

雞鳴歌者李子去江西而作者也孤舟泝江漢
而上

東方白兮雞鳴膠膠鼓予櫂兮沙之坳明星上船

空同詩選

30273　空同詩選一卷　（明）李夢陽撰　（明）楊慎評　明閔齊伋刻朱墨套印本　遼寧省圖書館

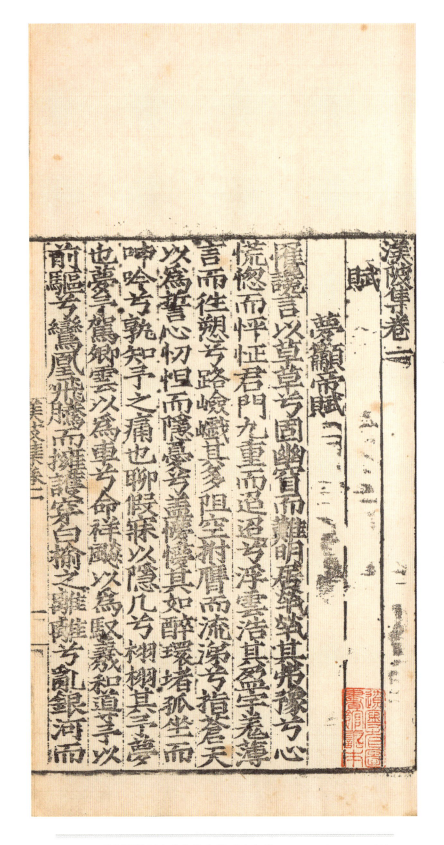

30274　重刻渼陂王太史先生全集二十七卷　（明）王九思撰　明嘉靖

十二年（1533）山西王獻等刻二十四年（1545）翁萬達刻三十年（1551）宋廷

琦刻崇禎十三年（1640）張宗孟重修本　遼寧省圖書館

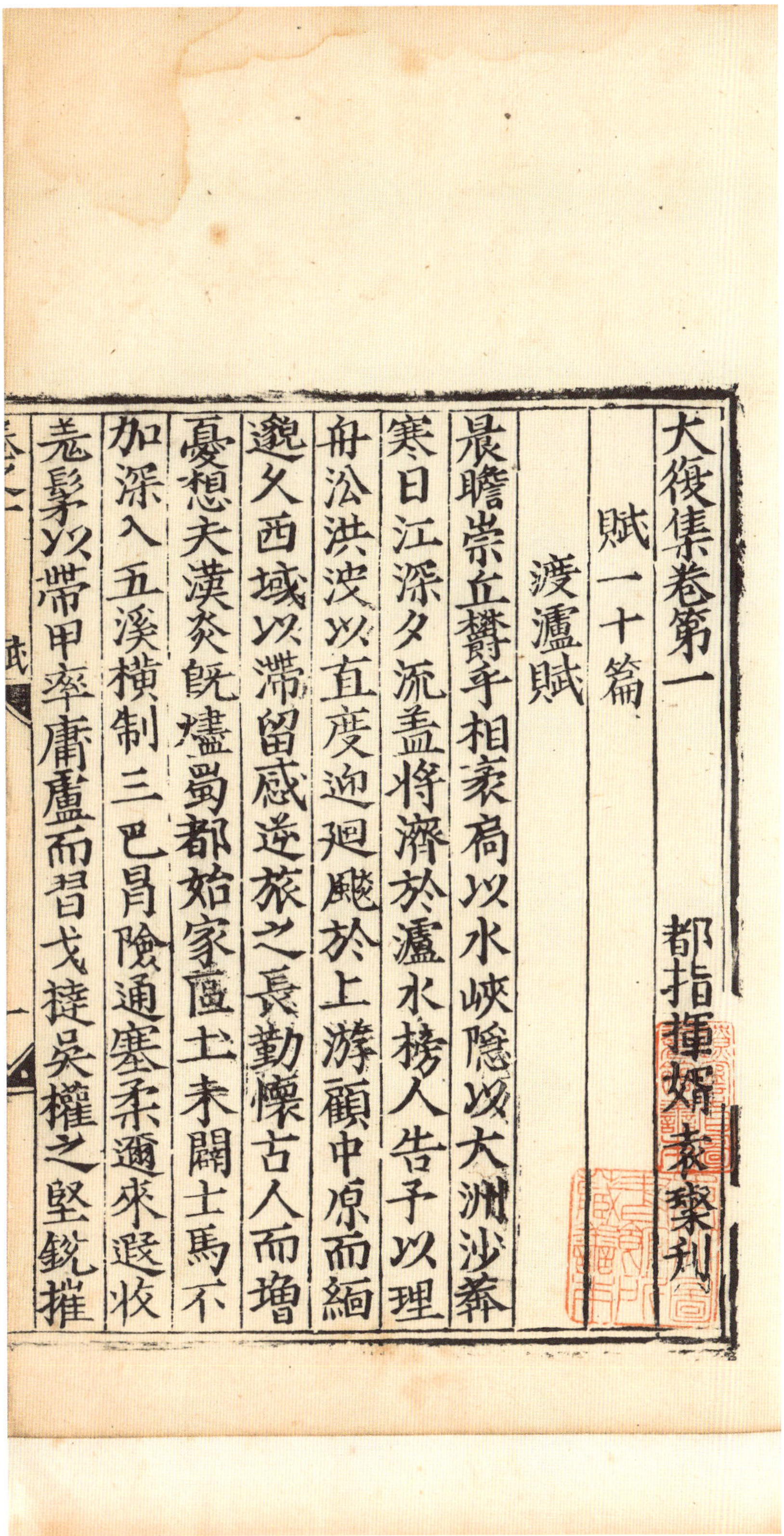
大復集卷第一　　都指揮婿袁褧刊
賦一十篇
渡瀘賦
晨瞻崇丘鬱乎相豪髙以水峽隱以大淵沙莽
寒日江深夕流盍將濟於瀘水榜人告予以理
舟泝洪波以直度迴颻於上游顧中原而緬
邈久西域以滯留感逆旅之長勤懷古人而增
憂想夫漢炎既燼蜀都始家區土未闢士馬不
加深入五溪橫制三巴昌險通塞柔邇來遐收
羌髳以帶甲率庸盧而習戈提吳權之堅銳摧
卷之一　賦　一

30275　大復集三十七卷　（明）何景明撰　明嘉靖三十四年（1555）袁褧刻本（有抄補三頁）　遼寧省圖書館

居庸別編

塞上曲八首　　　東白顧　存仁　著

皇家九塞獨居庸獵獵頻驚八達風夜上成
樓看北斗胡沙萬里薄氊戎

其二

鑿間鳧綠海山間虎北潮河傍朵顏聞道黃
毛新結搆急教飛將備雄關

湛甘泉先生文集卷之一

後學吳瀜校梓

樵語

鄧生問忠信也禮也敬也執先甘泉子曰曷或先焉曷

或後焉其一本乎忠信其心也禮其事也莫非敬也故

敬而後有忠信有忠信而後有禮容

陳公贄問三年學不至於穀曰其志篤矣顏閔其人矣

開也其庶矣乎

陳公贄問禹無間然其無舉也歟曰無舉非以語聖也

禹之聖也其猶諸百錬之金矣乎渾合無間是之謂盛

德

鳥鼠山人小集卷之一

國子生吳郡馬暘校

國子生江陰徐學校

國子生門人長洲歸仁編

樂府

勤逆賊贈楊參將銑參將銷書是字抄
勤逆賊逆賊胡爲來主將旗士次以爲題
賊胸中有甲兵戰賊賊齜齶
賊賊蹍江邊布魚鳥城頭振屋月四海早知名九
重先奏捷叶勤逆賊
　　　　君王撫劒勞將軍存張巡生

余闕

一字曲贈張太僕文錦

東廓鄒先生文集卷之一

說類

門人宋儀望校增後學邵應相校梓

門人周怡　校正不肖男善輝編輯

學說

天地之性人為貴人之所以為貴者曰性性之所以
為性者曰仁義禮智信能盡是五者於天地之間則
仰不愧俯不怍而可以為人一有虧損其則已自得
罪於天而況乎斷後而無思則雖頑然蠢眉而反為
虎狼蜂蟻鴻鵠雕鴞之罪人矣釣人之形也則釣人
之性也而至於為虎狼蜂蟻之罪人何也物欲累之

東廓文集
卷一

30279　東廓鄒先生文集十二卷　（明）鄒守益撰　明隆慶六年（1572）

邵廉刻本　遼寧省圖書館

梓溪文鈔外集卷之一

明舒

　芬國裳甫著

後學臨川吳橋謙汝則甫閱

進贒樊良樞尚默甫較

沔陽蕭上達進卿甫訂

裔孫忠讜罄直甫次

曾孫有章無文甫録

孫　琭季琰甫輯

　琭伯獻甫

文鈔外集卷之一

測蒙八一逆

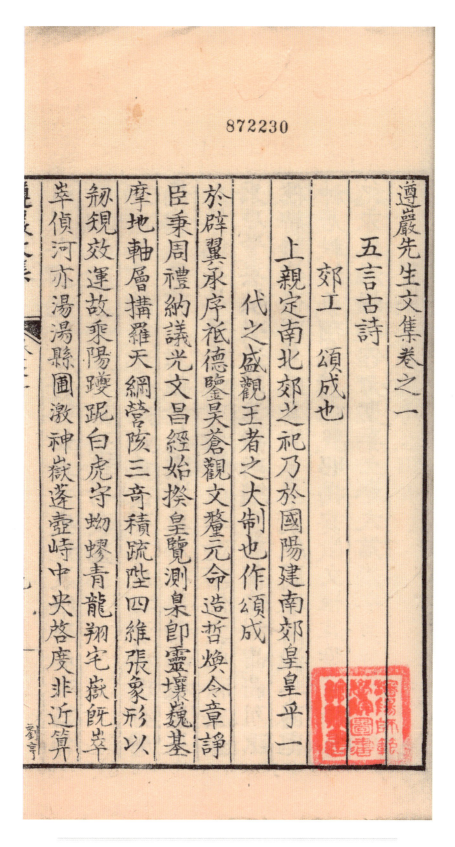

872230

遵巖先生文集卷之一

五言古詩

郊工　頌成也

上親定南北郊之祀乃於國陽建南郊皇皇乎一

代之盛觀王者之大制也作頌成

於辟翼承序祗德鑒吳蒼觀文鼇元命造哲煥令章諍

臣秉周禮納議光文昌經始揆皇覽測臬卽靈壤巍基

摩地軸層構羅天綱營陛三奇積疏陛四維張象形以

叙覛效運故乘陽躨跜白虎守蚴蟉青龍翔宅嶽旣峷

峷偵河亦湯湯縣圛激神嶽遙壺崎中央啓度非近算

念菴羅先生集卷之一

書

荅蔣道林

往承惠書論大學之旨并孟子講義縷縷數千百言

極感提誨當時讀之至再至三理極明暢第於言下

未有灑然快心處以是未敢率意荅荅未幾入深山

靜僻絕人往來每日塊坐一榻更不展卷如是者三

越月而旋以病廢當極靜時恍然覺吾此心中虛無

物旁通無窮有如長空雲氣流行無有止極有如大

海魚龍變化無有間隔無內外可指無動靜可分上

下四方往古來今渾成一片所謂無在而無不在吾

弇州山人四部稿卷之一

吳郡王世貞元美著

賦部

賦十首

玄嶽太和山賦

太和山者蓋中州之脊而

上帝之靈腑也其始不甚顯一曰武當山又

曰嵾上山又曰僊室山晉咸和中歷陽謝允

棄羅令遁茲山遂名之曰謝羅山見酈氏水

經注及荆州圖副記盖是時絕頂峻不治不

弇州山人四部稿卷之一

一十二經堂刊

874808

弇州山人四部稿卷之一　　　　　吳郡王世

賦部

賦十首

玄嶽太和山賦

太和山者蓋中州之脊而

上帝之靈腑也其始不甚顯一曰武當山又

曰嵾上山又曰僊室山晉咸和中歷陽謝允

棄羅令遁兹山遂名之曰謝羅山見酈氏水

經注及荆州圖副記蓋是時絶頂峻不治不

弇州山人四部稿選卷之一

吳郡鳳洲王世貞著

越郡肩吾沈一貫選

賦部

賦

玄嶽太和山賦

太和山者益中州之脊而

上帝之靈腑也其始不甚顯一曰武當山又曰

嵩上山又曰儵室山晉咸和中歷陽謝允棄羅

令遁兹山遂名之曰謝羅山見酈氏水經注及

30285　弇州山人四部稿選十六卷　（明）王世貞撰　（明）沈一貫輯

明刻本　遼寧大學圖書館

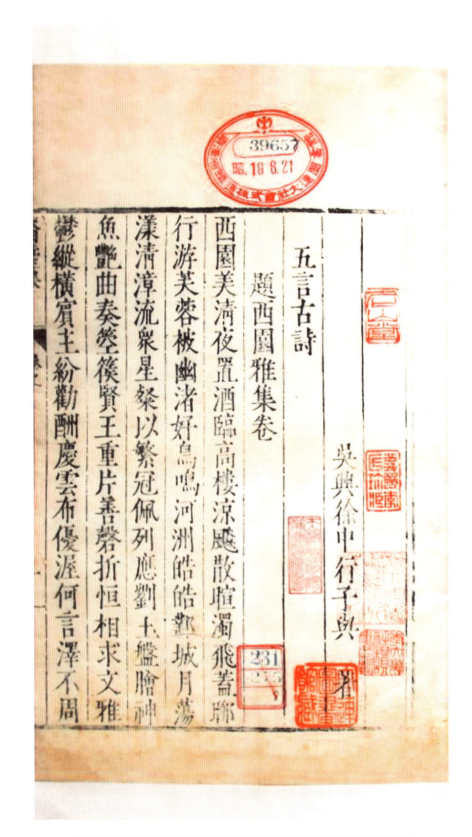

30286　天目先生集二十一卷　（明）徐中行撰　明萬曆十二年（1584）

張佳胤刻本　大連圖書館

借鏡照面初
非為周家設
法不知者謂
其以庭人心
開好辨口

李氏焚書卷一

書答

答周西巖

天下無一人不生知無一物不生知亦無一刻不

生知者但自不知耳然又未嘗不可使之知也惟

是土木瓦石不可使知者以其無情難告語也賢

智愚不肖不可使知者以其有情難告語也除是

二種則雖牛馬驢駝等當其深愁痛苦之時無不

可告以生知語以佛乘也攄渠見處恰似有人生

焚書卷一

一

30287　李氏焚書六卷　〔明〕李贄撰　明刻朱墨套印本　遼寧省圖書館

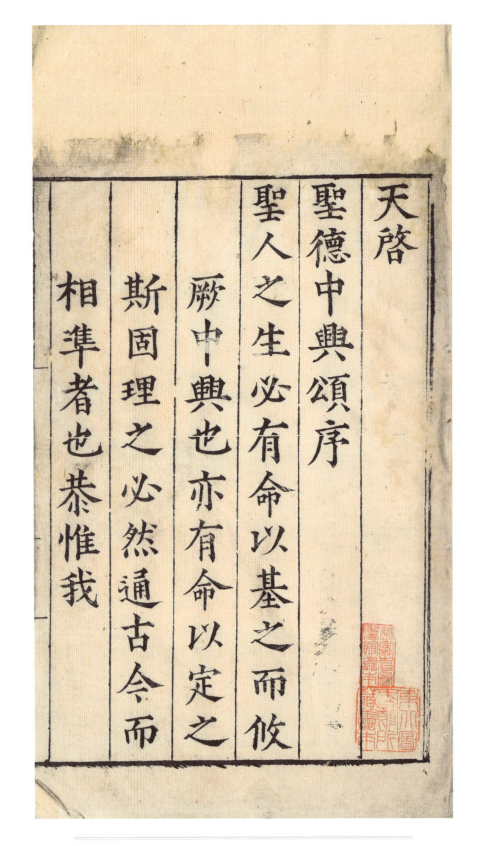

天啓

聖德中興頌序

聖人之生必有命以基之而攸

厥中興也亦有命以定之

斯固理之必然通古今而

相準者也恭惟我

30288　天啓聖德中興頌一卷　（明）朱拱樋撰　明嘉靖十六年（1537）

朱拱樋刻本　遼寧省圖書館

884.80

來禽館集卷之一

序

臨邑　邢　侗子願甫　著

河間　范景文夢章甫　閱

吳景獻先生詩序

今海內物力多詘獨文力校盛窮闔下邑人人工爲
詩然而外彊者中恒乾聲炫者實類凘塗鴉傀署以
爲鳳畫虎自匪其近尨鼃倮無禪于巨匠本牵卒歸
于璅惡者矣其或渭城止限于一曲則全體之翣金

東越証學録卷之一

會語

南都會語

古劍周汝登著

南都舊有講學之會萬曆二十年前後名公畢
集會講尤盛一日拈舉天泉証道一篇相與
闡發而座上許敬菴公未之深肯明日公出
九條自命曰九諦以示會中先生爲九解復
之天泉宗旨益明具述于左云
諦一云易言元者善之長也又言繼之者

鄒南皋集選卷之一

奏疏

論劾輔臣回籍守制疏

題爲懇乞

天恩亟斥輔臣回籍守制以收人心以正綱常事臣

於九月二十六日聞輔臣張居正父喪居正三

疏乞恩守制

皇上三留之爲居正計者必再疏懇之

皇上皇上不聽計哀死求之而已何求歸之情未切

南皋集選

30291　鄒南皋集選七卷　（明）鄒元標撰　明萬曆三十五年（1607）余

懋衡刻本　大連圖書館

玉茗堂全集

臨川義仍湯顯祖著

詩

七言古

寄李崟峯內鄉追憶陳寶雞

儂令長安君以後繡服露春畿迤逗赤縣彌琴

昌一騑公庭舞鶴泠清漏哭浪紛紜陳寶雞鳴

詩

五卷

一

玉茗堂全集

臨川義仍湯顯祖著

尺牘

奉張龍峯先生

潞水維舟奕吉琴歌肴殽無長物殊有蕭蕭之致

至於今美人漢京矣大臣執法當進賢退不肖

區區檢押何足以云如師秉滔蕩之大節發深

尺牘

一卷一

藏密齋集卷之一　　嘉善魏大中孔時著

自譜

萬曆三年乙亥一歲

余世嘉興遷善鄉三十五都北區東二歲圩

人可考者以洪武間諱伴者為初祖圩于

徐成三十九年成三編成于雲南大理衞徐

氏絶則以壻家補伍予家乃世隸軍籍焉宣

德中析嘉興為嘉善因為嘉善人余在大理

煙霞外集

甬句范汝植木公甫著

丁丑元日

歲朝嬾復習追隨日影橫窻臥起遲　帝

力巳歌南畞足宦情寧侯北山移廟堂禋

侮須奇畧湖海餘光只酒卮屋角老梅淸

刺骨卷簾時覺暗香吹

立春日沈君曙見示元旦作適醉臥

煙霞外集

30295　煙霞外集一卷　（明）范汝植撰　明崇禎刻本　大連圖書館

牧齋初學集卷第一

還朝詩集上 起泰昌元年 九月盡一年

神宗顯皇帝遺詔於京口成服哭臨恭賦挽詞

九月初二日奉

四首

竹符領郡國王几罷音徽率土悲風動敷天泣

露晞清霜明祕器紅葉掩容衣慟哭江城暮秋

笳起落暉

其二

太姙胎而教甘盤學後臣 指江陵 張相 營齋嘗念母

韋蘇州集卷之一

雜擬

擬古詩十二首

其一

辟君遠行邁飲此長恨端已謂道里遠如何中

險艱流水赴大壑孤雲還暮山無情尚有歸行

子何獨難驅車背鄉園朔風卷行迹嚴冬霜斷

肌日入不遑息憂歡容髮變寒暑人事易中心

韋蘇州集 卷一

謝東橋曰韋公
古詩當獨步唐
室以其得漢魏
之質也其下者
亦在晉宋之間

又曰五言古詩
先學韋應暢照
後諸家可入

劉須溪曰古引
雜各矣以作更
古者以其有清
絜自胜意如秋
風曠野自雜為
懷曠野自雜為

劉淵溪曰柔腸
歌無而有不可

陶靖節集卷之一

詩四言

停雲并序

停雲思親友也罇酒新湛園列初榮願

言不從歎息彌襟

靄靄停雲濛濛時雨八表同昏平路伊阻靜寄

東軒春醪獨撫良朋悠邈搔首延佇

停雲靄靄時雨濛濛八表同昏平陸成江有酒

高元之曰以停
雲名篇乃周詩
六義二曰賦四
曰興之遺義也

劉後村曰四言
自曹氏父子王
仲宣陸士衡後
惟陶公最高停
雲榮木等篇殆
突過建安矣

陶靖節集

卷一

一

宮詞

明東吳毛晉子晉輯

唐

王建

蓬萊正殿壓金鰲紅日初生碧海濤開着五門

遙北望赭黃新帕御牀高

殿前傳點各依班召對西來入詔蠻上得青花

龍尾道側身偷戲正南山

王建

綠君亭

30299　三家宮詞三卷　（明）毛晉編　明天啟五年（1625）毛氏綠君亭刻本

瀋陽故宮博物院

落之古意似

晋魏以前筆

名媛集

唐詩名媛集

楊肇祉君錫甫輯

五言絶句

湘妃

帝子不可見秋風來暮思嬋娟湘江月千載空

劉長卿

蛾眉

息夫人

蔡哀矦娶于陳息矦亦娶焉息嬀將歸

王維

30300　唐詩豔逸品四卷　（明）楊肇祉編　明天啓元年（1621）閔一栻
刻朱墨套印本　遼寧省圖書館

白氏長慶集卷第一

唐太子少傅刑部尚書致仕贈尚書右僕射太原

白居易樂天著

諷諭一　古調詩○五言六十五首

明後學松江馬元調巽甫校

賀雨

皇帝嗣寶曆元和三年冬自冬及春暮不雨旱爐爐村
上心念下民懼歲成災囤遂下罪巳詔殷勤制萬邦
帝曰予一人繼天承祖宗憂勤不遑寧夙夜心忡忡元
年誅劉闢一舉靖巴邛二年戮李錡不戰安江東顧惟

白集　　　卷一　　　　一

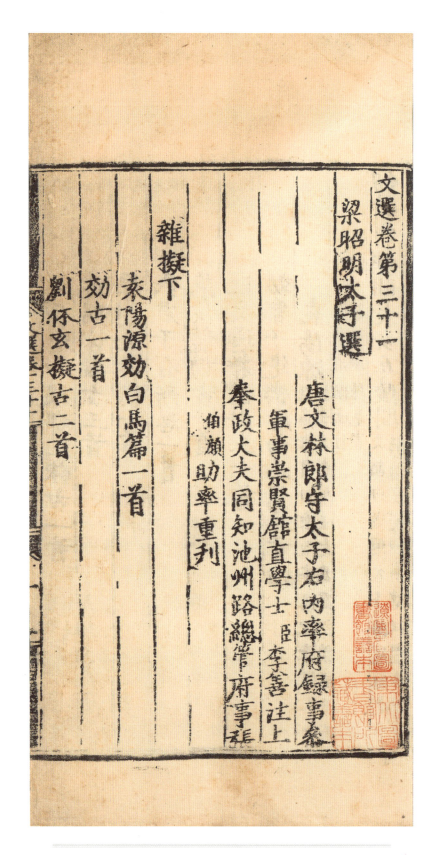

30302　文選六十卷　〔南朝梁〕蕭統輯　〔唐〕李善注　明成化二十三年

〔1487〕唐藩朱芝址刻本　遼寧省圖書館

存七卷（三十一至三十四、四十二至四十四）

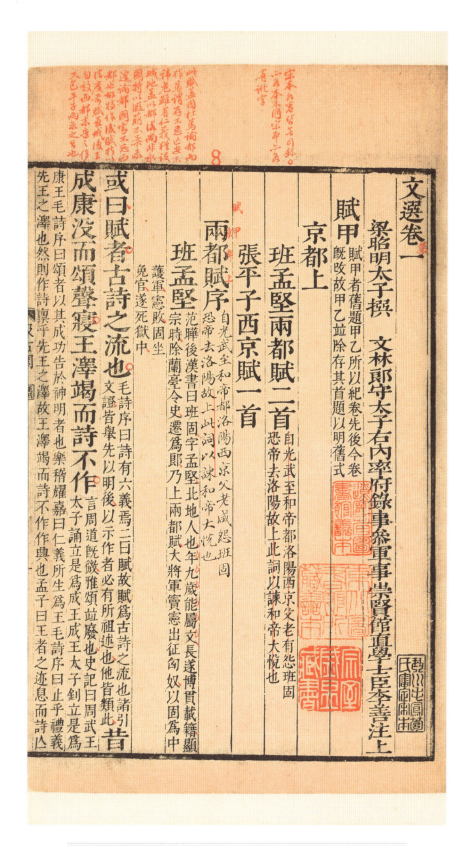

30303　文選六十卷　〔南朝梁〕蕭統輯　〔唐〕李善注　明末毛氏汲古閣

刻本　祁雋藻過録何焯校　惲毓鼎跋　遼寧省圖書館

存四十二卷（一至三十、四十六至五十四、五十八至六十）

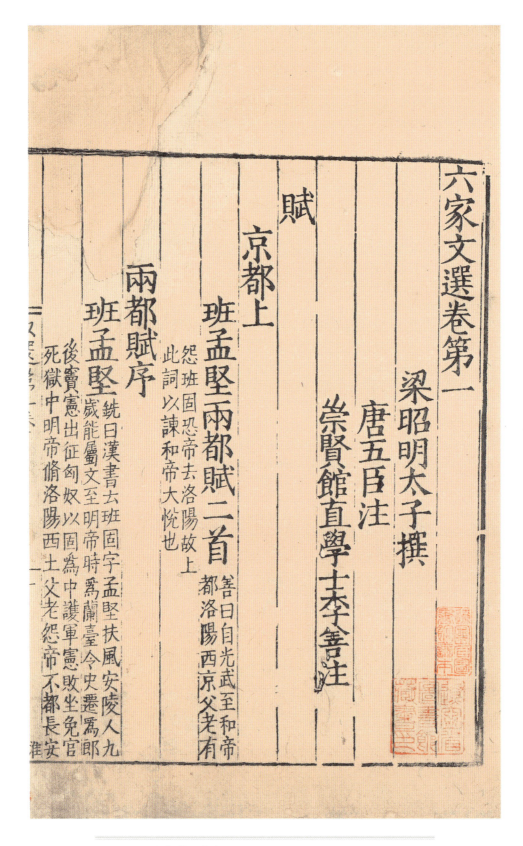

六家文選卷第一

梁昭明太子撰

唐五臣注

崇賢館直學士李善注

賦

京都上

班孟堅兩都賦二首 善曰自光武至和帝都洛陽西京父老有

怨班固恐帝去洛陽故上
此詞以諫和帝大悅也

兩都賦序

班孟堅 善曰漢書云班固字孟堅扶風安陵人九
歲能屬文至明帝時為蘭臺令史遷為郎
後竇憲出征匈奴以固為中護軍憲敗坐免官
死獄中明帝脩洛陽西土父老怨帝不都長安

30304　六家文選六十卷　〔南朝梁〕蕭統輯　〔唐〕李善　呂延濟　劉良

張銑　呂向　李周翰注　明嘉靖十三年至二十八年(1534–1549)袁褧嘉趣堂刻本

遼寧省圖書館

文選卷第一

梁昭明太子蕭統選　　明吳郡張鳳翼纂注

○兩都賦序

班固　固字孟堅北地人九歲能屬文長遂博貫載籍顯宗時除蘭臺令史遷爲郎大將軍竇憲出征匈奴以固爲中護軍

明帝修洛陽西土父老怨帝不都長安固作兩都賦以諷

諸引史證普舉卷以明後有所祖述也以示作者必

不作。頌者以其成功告於神明作與也

或曰。賦者古詩之流也昔成康沒而頌聲寢王澤竭而詩大漢初定日不暇給至於

言不暇崇文化至於

武宣之世廼崇禮官考文章　武帝宣帝始立禮官考校文章內設金馬石門旁有銅馬門故謂之金馬門也樂府署漢時有賢良

渠之署外興樂府協律之事。聚樂之所協律都尉武帝置之以考校律呂者並待詔於此石渠閣名王校秘書署司也

絕潤色鴻業是以衆庶說豫福應尤盛以光讚大業也　言能興起遺文繼

文選纂注評林　卷二

二賦宏博而不
纖巧瑰瑋而不
奇僻正大鮮義
典練不浮

賦

梁昭明太子蕭統選

明西吳鄒思明評閱

男德延校

兩都賦序

班固

或曰賦者古詩之流也昔成康没而頌聲寢王

澤竭而詩不作大漢初定日不暇給至於武宣

文選尤卷第一

文選尤卷一

一

30306　文選尤十四卷　〔南朝梁〕蕭統輯　〔明〕鄒思明刪訂　明天啓二
年（1622）刻三色套印本　遼寧省圖書館

文選尤卷第一

梁昭明太子蕭統選

明西吳鄒思明評閱

男德延校

賦

兩都賦序

班固

或曰賦者古詩之流也昔成康没而頌聲寢王
澤竭而詩不作大漢初定日不暇給至於武宣

文選尤卷一

一

二賦宏博而不
纖巧瑰瑋而不
奇僻正大鮮義
典練不浮

30307　文選尤十四卷　（南朝梁）蕭統輯　（明）鄒思明删訂　明天啓二
年（1622）刻三色套印本　遼寧省圖書館

作賦不偉麗
不如為女笑
賦以敷陳其
事一于妍麗
謡詭令人不
晚不敦陳矣
姐賦宏博而
不徵巧琨瑋

選賦卷一

梁昭明太子蕭統選

班固

兩都賦序

或曰賦者古詩之流也昔成康沒而頌聲寢王
澤竭而詩不作大漢初定日不暇給至於武宣
之世廼崇禮官考文章内設金馬石渠之署外
興樂府協律之事以興廢繼絕潤色鴻業是以

選賦

卷一

一

30308　選賦六卷　〔南朝梁〕蕭統選　明凌氏鳳笙閣刻朱墨套印本　遼寧
省圖書館

試以此置之三
百篇中當必有
辦三百篇言外
之意令人深思
不如是之一覽
無餘矣恐笙詩
未可補

選詩卷一

補亡

補二亡六詩并序

束皙

南陔孝子相戒以養也。

循彼南陔言採其蘭眷戀庭闈心不遑安彼居

之子囘或游盤馨爾夕膳潔爾晨餐。

選詩 卷一

選詩 卷一

一

梁昭明太子蕭統選

江夏郭正域批點

吳興凌濛初輯評

虞九章曰詩或三章或四章故不言六首而言六詩

舊本無分析殊眛作者之意

30309　選詩七卷　（南朝梁）蕭統輯　（明）郭正域評點　（明）凌濛初

輯評　明凌濛初刻朱墨套印本　遼寧省圖書館

文苑英華卷第一

賦一

天象一

天賦二首

天行健賦一首　　乾坤為天地賦一首

披霧見青天賦一首　　錬石補天賦一首

管中窺天賦二首　　三無私賦一首

碧落賦一首

天賦　　劉兄濟

臣聞混成發粹大道含元與於物祖首自胚渾分泰階而

立極光耀魄以司尊懸兩明而必照列五緯而無言驅駛

陰陽栽成風雨叶乾位而凝化建坤儀而作輔錯落九垓

岧嶤八柱燦黃道而開域關紫宮而為字橫斗樞以旋運

30310　文苑英華一千卷　（宋）李昉等輯　明隆慶元年（1567）胡維新、戚繼光刻本（卷九十三抄補三頁、卷九十四抄補二頁、卷一百抄補二頁、卷一百一抄補二頁、卷一百九抄補一頁）　遼寧省圖書館

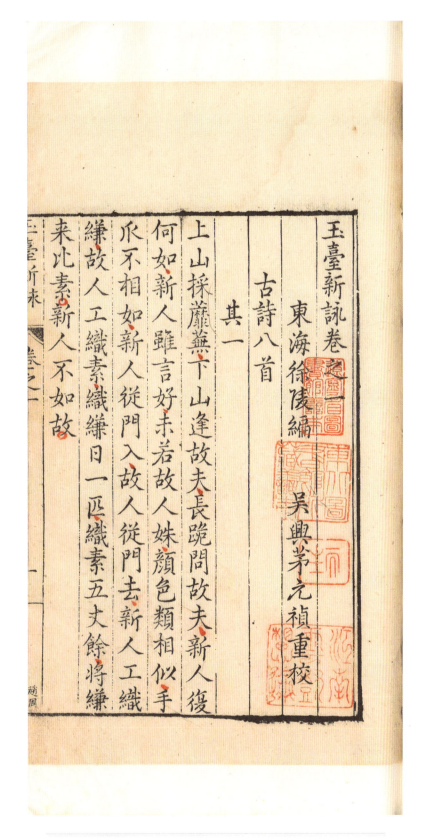

玉臺新詠卷之一

東海徐陵編

吳興茅元禎重校

古詩八首

其一

上山採蘼蕪下山逢故夫長跪問故夫新人復
何如新人雖言好未若故人姝顏色類相似手
爪不相如新人從門入故人從門去新人工織
縑故人工織素織縑日一匹織素五丈餘將縑
来比素新人不如故

30311　玉臺新詠十卷　（南朝陳）徐陵輯　續五卷　（明）鄭玄撫輯

明萬曆七年（1579）茅元禎刻本　遼寧省圖書館

古詩歸卷之一

　　　　　景陵　鍾　惺伯敬父　選定
　　　　　　　　譚元春友夏父

　　古吳劉　敳典生父重訂

古逸一

皇娥

○皇娥歌

少昊以金德王、母曰皇娥、處璇宮而夜織或乘
桴木而畫游歷經窮桑滄茫之浦、時有神童容
貌絕俗稱爲白帝之子、卽太白之精降乎水際、

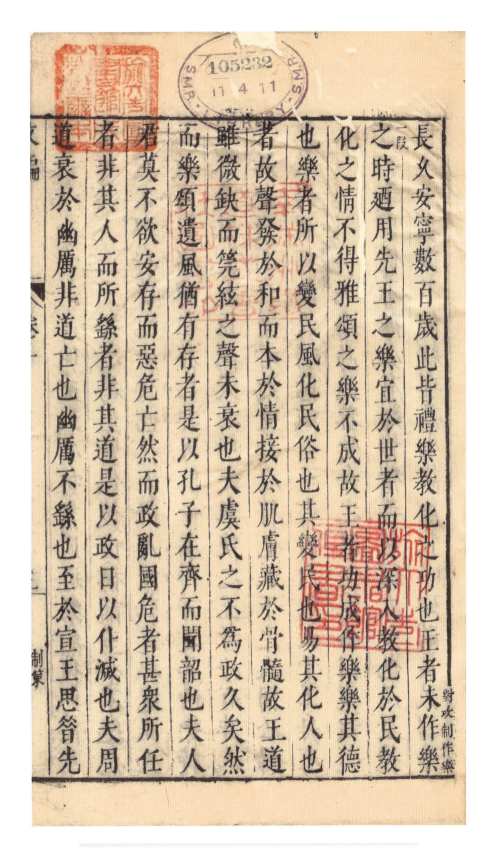

長久安寧數百歲此皆禮樂教化之功也正者未作樂

一段 之時廼用先王之樂宜於世者而以深入教化於民教

化之情不得雅頌之樂不成故王者功成作樂樂其德

也樂者所以變民風化民俗也其變民易其化人也

者故聲發於和而本於情接於肌膚藏於骨髓故王道

雖微缺而筦絃之聲未衰也夫虞氏之不為政久矣然

而樂頌遺風猶有存者是以孔子在齊而聞韶也夫人

者莫不欲安存而惡危亡然而政亂國危者甚衆所任

者非其人而所錄者非其道是以政日以作滅也夫周

道衰於幽厲非道亡也幽厲不錄也至於宣王思昔先

對策制作樂

制策

文編卷之一

武進唐順之應德甫選　　後學長洲陳元素素訂

制策

董仲舒對賢良策一

董仲舒對賢良策二

董仲舒對賢良策三

董仲舒對賢良策一　闈對

制曰朕獲承至尊休德傳之亡窮而施之罔極任大

而守重是以夙夜不皇康寧永惟萬事之統猶懼有

闕故廣延四方之豪雋郡國諸侯公選賢良修絜博

臥雪齋選卷之一

淮粵人六階袁鳴泰選

澠門人士欽周三錫校

檀弓

公儀仲子之喪檀弓免焉仲子舍其孫而

立其子檀弓曰何居我未之前聞也趨而

就子服伯子於門右曰仲子舍其孫而立

其子何也伯子曰仲子亦猶行古之道也

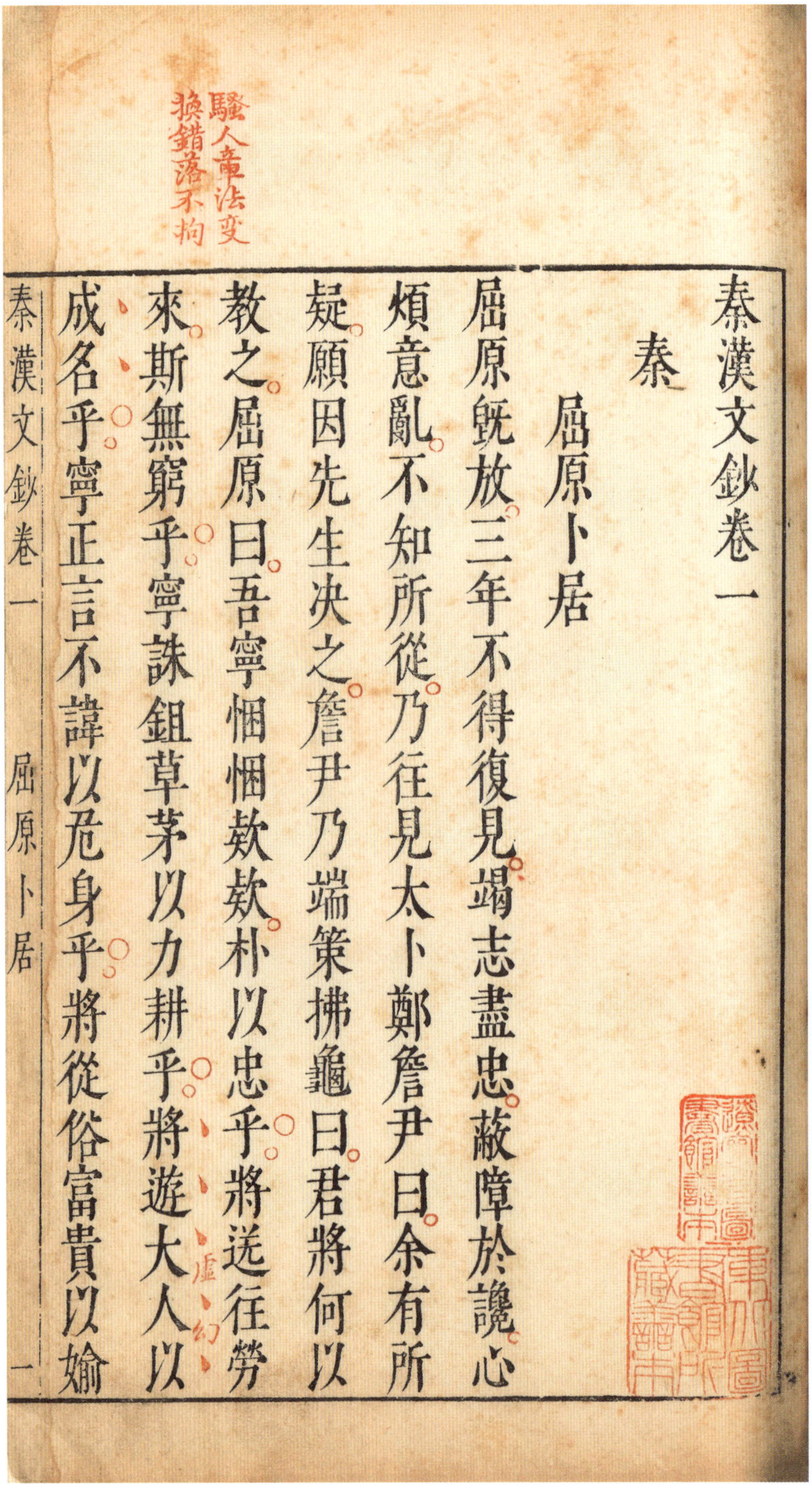

秦漢文鈔卷一

秦

屈原卜居

屈原既放三年不得復見竭志盡忠蔽障於讒諂
煩意亂不知所從乃往見太卜鄭詹尹曰余有所
疑願因先生決之詹尹乃端策拂龜曰君將何以
教之屈原曰吾寧悃悃欵欵朴以忠乎將送往勞
來斯無窮乎寧誅鉏草茅以力耕乎將遊大人以
成名乎寧正言不諱以危身乎將從俗富貴以媮

（右欄）
秦漢文鈔卷一
屈原卜居
一

（朱批）
騷人章法變
換錯落不拘

30316　秦漢文鈔六卷　（明）閔邁德等輯　（明）楊融博批點　明萬曆四
十八年（1620）刻朱墨套印本　遼寧省圖書館

周文歸卷之一

竟陵伯敬鍾惺選

曲沃邵孫衛周胤鑒

武林爻一陳晟子輯

仲衍胡樊參

瀫西仲光蔣尚賓參

古婺建白范德建閲

周禮

天官冢宰

家大宰治也天官卿治官之長故謂之家
宰○卿一人卿卽上大夫爵也冢宰官也

○書○法

考。曰景以別東正位。左祖右社前
審面勢以正畫其野

惟王建國辨方。西南北之方。以方
體國。分營共國中之以為宮寢門涂如
人之有體經野。外以為丘

陳深曰此
書乃記事
體六官之
首皆冠以

周文歸
卷一
天官
一

30317　周文歸二十卷　〔明〕鍾惺輯　明崇禎刻本　大連圖書館

唐詩類苑卷第一

明雲間張之象玄超甫纂輯

嶺南趙應元葆初甫編次

雲間王·徹叔朗甫補訂

梁谿曹仁孫伯安甫校正·

天部

日

詠日　　　　董思恭

滄海十枝暉玄圃重輪慶蔘華發晨檻菱彩翻朝鏡
忽遇驚風飄自有浮雲映更也人皆仰無待揮戈正

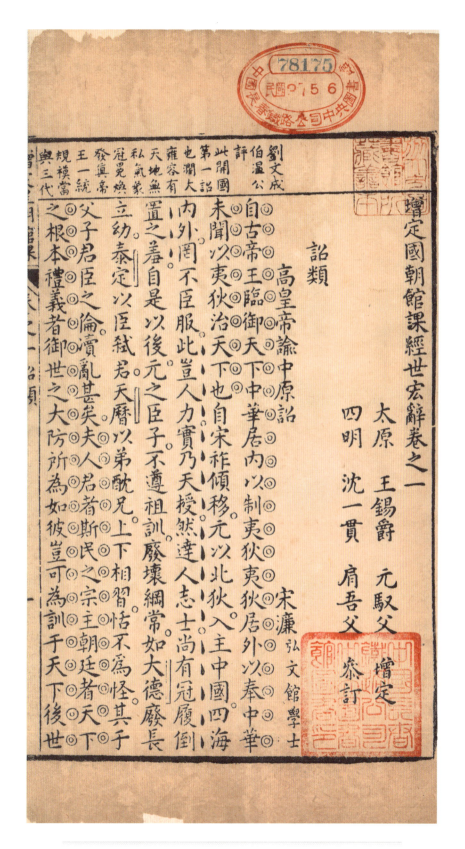

30319　增定國朝館課經世宏辭十五卷　（明）王錫爵　沈一貫輯

明萬曆十八年（1590）周曰校萬卷樓刻本　大連圖書館

新刻壬戌科翰林館課

館師　　存菴周如磐　全選

　　　　柱河汪　輝

卷一　論

大羆猶規矩準繩論　　　　文震孟

嘗觀三代而下人才之所以不古若者何哉蓋徒知
才以濟事而不知羆以居才徒知容受幾何斟酌之
何之為羆而不知無所不容受無所不斟酌之為羆
也夫謂之曰羆則固必有限量矣斗筲以為量固斗
筲之羆也萬斛以為量亦萬斛之羆也皆謂之羆則

金陵振吾唐國達梓

唐詩紀事卷第一

宋臨卭計敏夫有功輯

明海虞毛　晉子晉訂

太宗

帝京篇序云余以萬機之暇遊息藝文觀列代之

皇王考當時之行事軒昊舜禹之上信無間然

矣至於秦皇周穆漢武魏明峻宇雕牆窮侈極

麗征稅殫於宇宙轍跡徧於天下九域無以稱

草堂詩餘卷一

西蜀升菴楊　愼批點

吳興文仲閔暎璧校訂

小令

搗練子

　　秋閨

李後主有搗練子詞即
詠搗練乃唐詞本体也

心耿耿淚雙雙皓月清風冷透牕人去秋來宮

　　　　　秦少游

草堂詩餘卷一

漏永夜深無語對銀釭

一

北征錄

說選一小錄

永樂八年二月初十日　上親征北虜是
日駕出德勝門幼孜與光大胡公由安
定門出兵甲車馬旌旗之盛耀于川陸風
清日和埃塵不與鐃鼓之聲旬震山谷晚
次清河十一日早發清河途間雪融泥深
馬行甚滑晚次沙河勉仁始至十二日早
寒發沙河午次龍虎臺十三日早發龍虎

30323　古今說海一百三十五種一百四十二卷　　〔明〕陸楫等編

明嘉靖二十三年（1544）陸楫儼山書院、雲山書院刻本　遼寧省圖書館

博物志卷第一

晋司空張華茂先

余視山海經及禹貢爾雅說文地志雖曰悉備各

有所不載者作畧說出所不見麗言遠方陳山川

位象吉凶有徵諸國境界犬牙相入春秋之後並

相侵伐其土地不可具詳其山川地澤畧而言之

正國十二博物之士覽而鑒焉

地理畧自魏氏目已前夏禹治四方而制之

河圖括地象曰地南北三億三萬五千五百里地部

博物志

30324　稗海四十八種二百八十八卷續二十二種一百六十一卷

（明）商濬編　明萬曆商濬刻清康熙振鷺堂重編補刻本　魯迅美術學院圖書館

玉照新志卷之一

繡水　沈士龍

沈德先

沈乎先　同校

神廟聖意銳於圖治熙寧之政既一切變更法

度開邊之議遂與洮河成功梅仙拓地然後經

理西南小羌韓存寶以弗績誅繼而永樂大衂

徐禧之徒死之由是恥於佳兵上亦欝陶成疾

諸得倒

蘇長公譚史卷之一

王介甫與蘇東坡論揚子雲投閣爲史臣之
妄劇泰美新之作亦後人誣子雲蘇曰軾
亦疑一事荆公曰疑何事蘇云不知西漢
果有子雲否聞者皆大咲

蘇長公譚史　卷一

一

30326　枕函小史五種四卷　（明）閔于忱編　明閔于忱松筠館刻朱墨套
印本　遼寧省圖書館

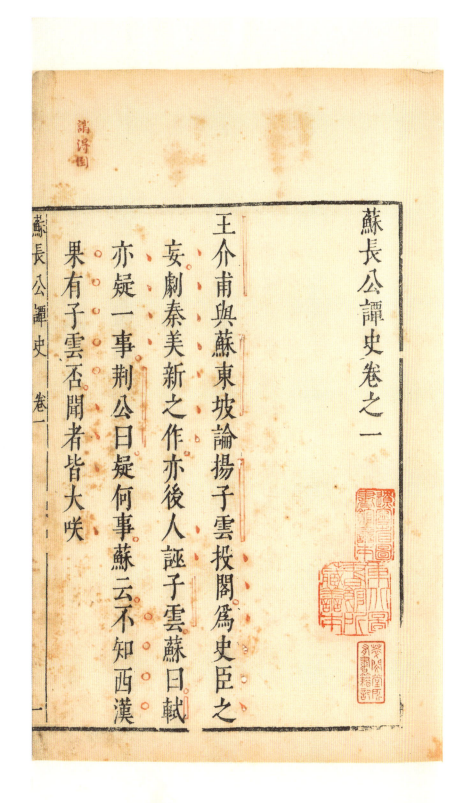

30327 枕函小史五種四卷 （明）閔于忱編 明閔于忱松筠館刻朱墨套
印本 遼寧省圖書館

蘇長公譚史卷之一

王介甫與蘇東坡論揚子雲投閣爲史臣之

妄劇泰美新之作亦後人誣子雲蘇曰軾

亦嶷一事荆公曰嶷何事蘇云不知西漢

果有子雲否聞者皆大咲

蘇長公譚史 卷一

30328　枕函小史五種四卷　（明）閔于忱編　明閔于忱松筠館刻朱墨套
印本　遼寧省圖書館

快書卷一

練江閔景賢士行纂

西湖何偉然仙臞訂

秋濤　王聖俞會心編刪本

莫神於不忒而怪奇爲下○

百工有異巧而觀者舞悅造物有異巧而觀者

怊忘悅之以其淺忘之以其深

夫道而不具妙體則巳耳有妙必呈

秋濤

卷一

一

30329　快書五十種五十卷　（明）閔景賢編　明天啓六年（1626）刻本

遼寧省圖書館

劍南詩彙卷第一

宋　陸　游　務觀

別曾學士

兒時聞公名謂枉千載前稍長誦公文雜之韓
杜編夜輒夢見公皎若月枉天起坐三歎息欲
見亡繇緣忽聞高軒過驪喜忘食眠袖書拜轅
下此意私自憐道若九達衢小智妄鑿穿所願
瞻德容頑固或少痊公不謂狂疎屈體與周旋

劍南詩彙　卷之一　　及古閣

易大象義敍

易自伏羲畫卦文王繫辭周閘六文孔翼各傳易　　豫章後學章潢本清甫著

之道燦然明備矣然大象傳則又自一卦兩體開

示學易之法其象至賾而至顯其辭至簡而至奧

雖於文周卦文盲意不相沿襲其剖露發洩羲畫

則一也卦文或吉或凶而大象則無有不吉每象

謂之以者直以天地萬物之變化會之身心也果

能神明於中觸處洞然豈徒天地雲雷皆我建順

經綸之蘊而否剝困蹇一皆脩德遂志之助道與

30331　易大象義一卷　（明）章潢撰　清抄本　羅振玉題記　遼寧省圖書館

喬氏易俟卷之一

寶應喬 萊述

乾下
乾上

乾。元亨利貞。

萊按元亨利貞孔子彖傳文言可謂深切著明已

學易者何容更爲詮釋。而或者曰六十四卦之中。

若屯。若臨。若隨若无妄皆曰元亨利貞固不得以

四德例之。而他卦或言亨或言元亨或言貞或言

利貞。又難一例解也。程子曰惟乾坤有此四德其

餘諸卦皆隨事而變焉斯言是也。乾。天也。坤。地也。

乾以資始爲元。坤以資生爲元。乾以剛健爲貞坤

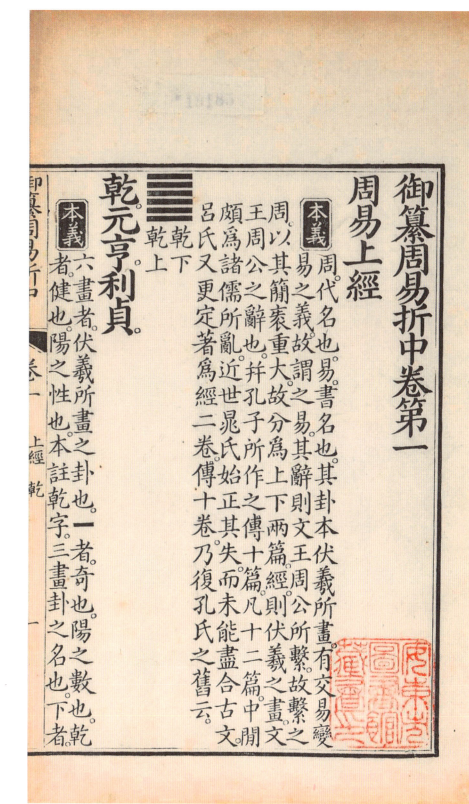

御纂周易折中卷第一

周易上經

本義　周代名也易書名也其卦本伏羲所畫有交易變
易之義故謂之易其辭則文王周公所繫故繫之
周以其簡袠重大故分爲上下兩篇經則伏羲之畫文
王周公之辭也并孔子所作之傳十篇凡十二篇中間
頗爲諸儒所亂近世晁氏始正其失而未能盡合古文
呂氏又更定著爲經二卷傳十卷乃復孔氏之舊云

乾下
乾上

乾元亨利貞

本義　六畫者伏羲所畫之卦也一者奇也陽之數也乾
者健也陽之性也本註乾字三畫卦之名也下者

30333　御纂周易折中二十二卷首一卷　〔清〕李光地等撰　清康熙五
十四年（1715）內府刻本　丹東市圖書館

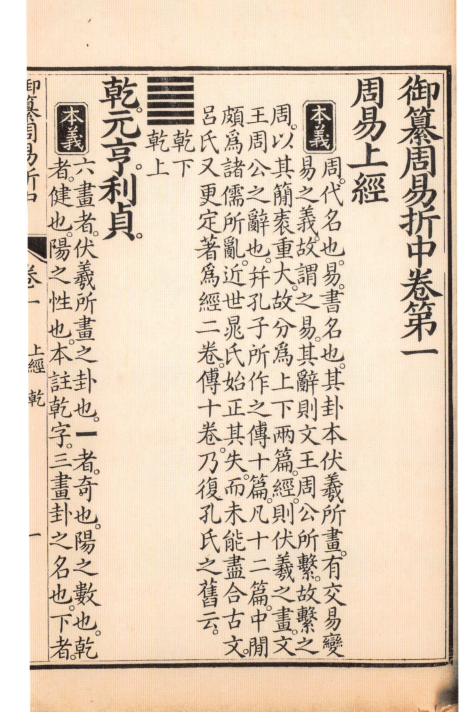

御纂周易折中卷第一

周易上經

本義 周代名也易書名也其卦本伏羲所畫有交易變
易之義故謂之易其辭則文王周公所繫故繫之
周以其簡袠重大故分爲上下兩篇經則伏羲之畫文
王周公之辭也幷孔子所作之傳十篇凡十二篇中間
頗爲諸儒所亂近世晁氏始正其失而未能盡合古文
吕氏又更定著爲經二卷傳十卷乃復孔氏之舊云。

☰
乾上
乾下

本義 乾元亨利貞。

者。健也。陽之性也。本註乾字三畫卦之名也。下者。

者。伏羲所畫之卦也。一者。奇也。陽之數也。乾
六畫者

御纂周易折中

卷一　上經　乾
一

30334　御纂周易折中二十二卷首一卷　〔清〕李光地等撰　清康熙五
十四年（1715）内府刻本　遼寧省博物館

周易通義卷第一

南清河蘇秉國均甫學

周易上經

周禮大卜掌三易之法一爲周易其卦本伏羲所畫以

其有陰陽變易之象故謂之易其辭則周之文王所繫

故繫之周卦與辭總謂之經分上下二篇合之傳十篇

凡十二篇古易經傳各行其篇第本如此也

乾元亨利貞

乾下 乾上

六畫者伏羲所畫之卦也一者奇也陽之數也本註乾

周易通義　卷一　上經　乾　一

30335　周易通義二十二卷首一卷　（清）蘇秉國撰　清嘉慶二十一年

（1816）刻本　丁晏題識　遼寧省圖書館

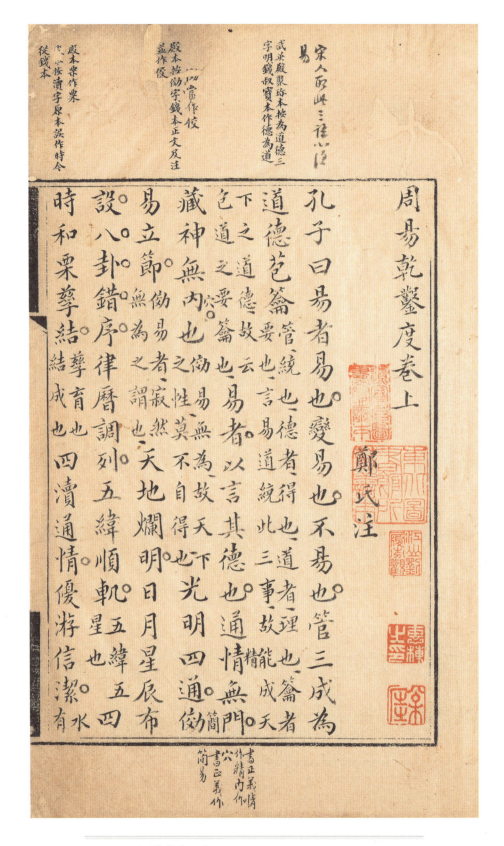

周易乾鑿度卷上

鄭氏注

孔子曰易者易也變易也不易也管三成為

道德苞籥管統也德者得也理也篇者

色道之要篇也易者以言其德也通情無門○

藏神無内也

易立節無為之謂也天下光明四通俲

設八卦錯序律曆調列五緯順軋星也四

時和粟挐結結成也四瀆通情優游信潔有

30336　周易乾鑿度二卷　〔漢〕鄭玄注　清惠氏紅豆齋抄本　遼寧省圖書館

書經卷之一　　　　　　　　　　　　　　　蔡沈集傳

虞書

虞舜氏因以為有天下之號也書凡
五篇堯典雖紀唐堯之事然本虞史
所作故曰虞書其舜典以下夏史所作當
曰夏書春秋傳亦多引為夏書此云虞書
或以為孔
子所定也

堯典

堯唐帝名亦曰典從冊在丌
之也此篇以簡冊載堯
之事故名曰典後世以其所載之
事可為常法故又訓為常也今文古
文皆
有

曰若稽古帝堯曰放勳欽明文思安安允恭
克讓光被四表格于上下
粵越遍古文作
曰若者發語辭

30337　**書經六卷**　〔宋〕蔡沈集傳　清康熙四十一年（1702）雲間華氏敬
業堂刻本　瀋陽市圖書館

毛詩日箋卷一

勾吳　秦松齡　學

周南

關雎篇

毛氏曰后妃有關雎之德是幽閒貞靜之善女宜爲
君子之好匹蓋未嘗不以淑女指后妃也鄭氏乃以
淑女爲三夫人以下歐陽氏非之謂上言雎鳩方取
物以比興而下言淑女自是三夫人以下則終篇更
無一語以及太姒且關雎本謂文王太姒而終篇無
一語及之此豈近於人情歐陽氏之論當矣鄭氏云

30338　毛詩日箋六卷　〔清〕秦松齡撰　清康熙挺秀堂刻本　大連圖書館

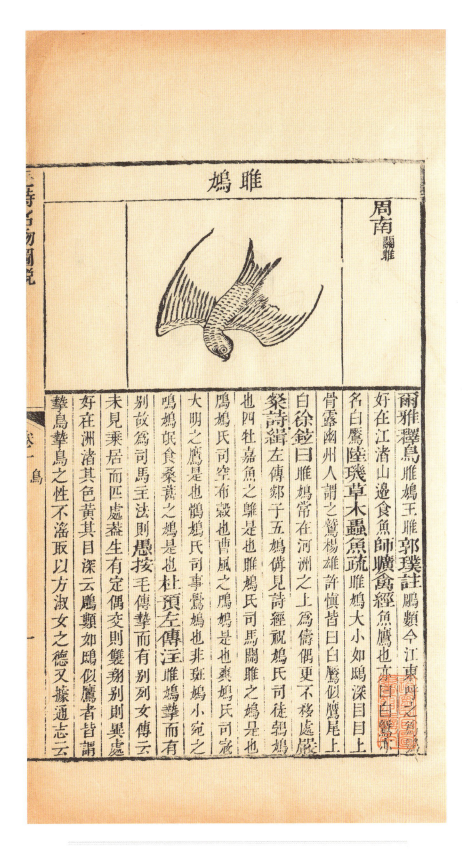

鴡雎

周南
關雎

爾雅釋鳥雎鳩王雎郭璞註鵰類今江東
好在江渚山邊食魚師曠禽經魚鷹也亦
名白鷙陸璣草木蟲魚疏雎鳩大小如鴟深目目上
骨露幽州人謂之鷲楊雄許慎皆曰白鷙似鷹尾上
白徐鉉曰雎鳩之雛在河洲之上為儔偶更不移處嚴
粲詩緝左傳鄭子五鳩儛見詩經祝鳩氏司徒鵻鳩
也四牡嘉魚之鴡鳩氏司馬關雎之鳩是也
鳲鳩氏司空布穀也曹風之鳲鳩是也非班鳩小宛之
大明之鷹是也鶻鵃鳩氏司事鷙鳩氏司寇
鳴鳩呢食桑葚之鳩是也杜預左傳注雎鳩鷙而有
別故為司馬主法則愚按毛傳鷙而有別列女傳云
未見乗居而四處蓋生有定偶交則雙翔別則異處
好在洲渚其色黃其目深云鴡鷴顋如鷗似鷹者皆謂
摯鳥摯鳥摯鳥之性不淫取以方淑女之德又據通志云

詩說卷上

東吳　硯谿　惠周惕

風雅頌以音別也雅有小大義不存乎小大也自序之言
曰雅者王政肝由廢興政有小大故詩有小雅有大雅小
大正之名立而辯難之端起矣難之者曰常武六月同一
征伐也卷阿鹿鳴同一求賢也大小何以今耶辭之者曰
常武王自親征六月不過命將軍容不同故也卷阿為成
王鹿鳴為文王天子諸侯尊卑有等故也難之者曰然則
江漢宜在小雅成宣宜在大雅今何以或反之或錯陳之
也其後朱晦翁則謂小雅燕饗之樂大雅朝會之樂受釐
陳戒之辭嚴華谷則謂明白正大直言其事者雅之體純

南陵之什

南陵

白華

或謂序說是毛公以意度之然白華序云孝子之絜白也朱子以爲此序

尤無理竊所未喻

華泰

由庚

南有嘉魚

嘉魚據傳箋只作魚之善者不作魚名爲得之烝然宜從王肅說訓衆意

卒章之興亦以喻賢者之來爲是

崇邱

30341　詩附記□□卷　（清）翁方綱撰　清翁方綱稿本　遼寧省圖書館

存四卷（四至七，其中卷四存南陔之什以後）

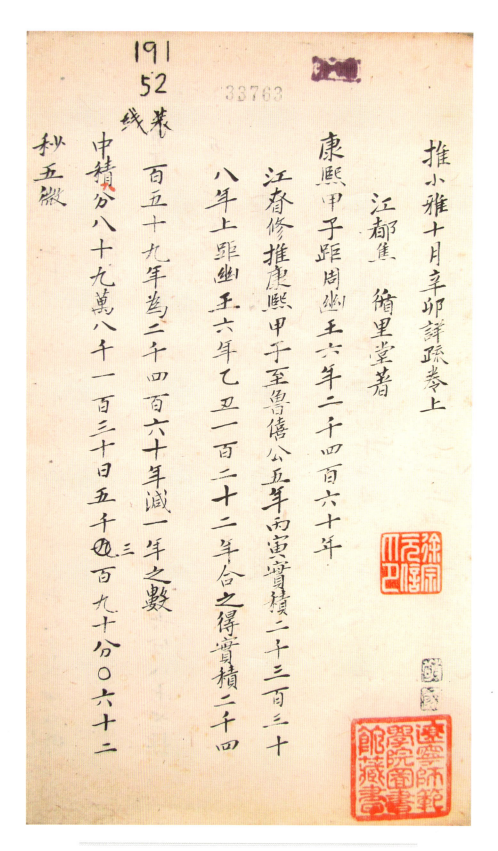

30342　推小雅十月辛卯詳疏二卷　（清）焦循撰　清李氏半畝園抄本

遼寧師範大學圖書館

周官精義卷一

恭紀

聖制曰知蒼說十則

大宰統百官其專司也而以九職任萬民則司徒之事而仍

為大宰所統也大宰之均四海於凡九職之民也九職之民之

不使之安其閭里足其衣食無游手以失職者無饑寒以失

業者無晢農而棄其誅者無奇巧以惑衆者夫如是則敷天之

下固不牽摶五穀以蹲蓆遂生所謂因民之利而利之而

民之蒙利已無窮矣或謂周禮為理財之書難大宰亦掌其

聖制

30343　周官精義十二卷　（清）連斗山撰　清乾隆四十一年（1776）刻本

瀋陽市圖書館

儀禮疏卷第一

唐朝散大夫行太學博士引文館學士臣賈公彥等撰

儀禮疏序

竊聞道本沖虛非言無以表其疏言有微妙非釋無能悟其理是知聖
人言曲事資注釋而成至於周禮儀禮發源是一理有終始分為二部
並是周公攝政太平之書周禮為本則難明末便易曉是
以周禮注者則有多門儀禮所注後鄭而已其為章疏則有二家信都
黃慶者齊之盛德李孟悊者隋日碩儒慶則舉大略小經注踈漏猶登
山遠望而近不知悊則舉小略大經注稍近觀而遠不察二
家之踈互有脩短時之所尚李則為先案士冠三加有緇布冠皮弁爵
弁既冠又著玄冠見於此四種之冠故記人下陳緇布冠委貌周
弁以釋經之四種經之與記都無天子冠法而李云委貌與弁皆天子
始冠之冠李之謬也喪服一篇凶禮之要是以南北二家章疏甚多時
之所以皆資黃氏案鄭注喪服引禮記檀弓云經之言實也明矣有
忠實之心故為制此服焉則經之所作表心明矣而黃氏妄云裏以表

30344　儀禮疏五十卷　〔唐〕賈公彥等撰　清道光十年（1830）汪士鍾藝

芸書舍影宋刻本　許珩題識　遼寧省圖書館

存四十四卷（一至三十一、三十八至五十）

讀禮通考卷第一

經筵講官禮部侍郎兼翰林院學士教習庶吉士充
大清會典一統志副總裁明史總裁徐乾學

喪期一

表上

乾學案上古喪期無數中古聖人以親疏定

服術上殺下殺旁殺而別為再期期九月七

月五月三月之喪有恩有理有節有權著於

經禮卜子傳之其後代有因革或重而輕或

輕而重或古有而今省或前略而後詳其見

於載紀者貞觀之律開元政和之禮司馬氏

之書儀朱子之家禮以及明之集禮孝慈録

會典稱情立文各有其義顧分見於諸書考

禮者卒難辨其同異乃倣國史之表列行排

30345　讀禮通考一百二十卷　（清）徐乾學撰　清康熙三十五年（1696）

徐氏冠山堂刻本　遼寧省圖書館

讀禮通考卷第一

經筵講官禮部右侍郎兼翰林院學士教習庶吉士充　大清會典統志副總裁明史總裁徐乾學

喪期一

表上

乾學案上古喪期無數中古聖人以親疏定

服術上殺下殺旁殺而別爲再期期九月七

月五月三月之喪有恩有理有節有權著於

經禮下子傳之其後代有因革或重而輕或

輕而重戒古有而今省或前略而後詳其見

於載紀者貞觀之律開元政和之禮司馬氏

之書儀朱子之家禮以及明之集禮考慈錄

會典稱情立文各有其義顧分見於諸書考

禮者卒難辨其同異乃倣國史之表列行排

30346　讀禮通考一百二十卷　〔清〕徐乾學撰　清康熙三十五年（1696）

徐氏冠山堂刻本　遼寧省圖書館

朱子家禮卷一　　　　　　紫陽書院定本

丘　濬瓊山輯　　後學施　璜虹玉　叅
楊廷筠節齋補　　裔孫朱啟昆我裕　叅
汪　佑星溪訂　　子　鑑晦叔恭較

通禮

此篇所著昔所謂有家日用
之常體不可一日而不修者

○祠堂

此章本合在祭禮篇今以報本反始之心尊祖敬崇
之意實有家名分之守所以開業傳世之本也故特
著此冠於篇端使覽者知所以先立乎其大者而凡
後篇周旋升降出入向背之曲折亦有所據以考焉
然後得古之廟制不見於經目今士庶人之戔亦有所
得爲者故特以祠堂名之而其制度亦多用俗禮云

家禮卷一

通禮一

30347　朱子家禮十卷　（宋）朱熹撰　清康熙四十年（1701）三多齋刻本
遼寧省博物館

五禮通考卷第一

内廷供奉禮部右侍郎金匱秦蕙田編輯　　國子監司業金匱吳　鼎

夌子太保總督直隸右都御史桐城方觀承同訂　　直隸撥察司副使元和宋宗元

參校

吉禮一

圜丘祀天

蕙田案禮莫重於祭祭莫大於天天爲百神

之君天子爲百姓之主故惟天子歲一祭天

周禮冬日至祀昊天上帝於圜丘冬至取陽

生南郊取陽位圜丘取象天燔柴取達氣其

玉幣牲牢尊俎樂舞車旗之屬各以象類雖

一名一物之微莫不有精意存於其間故曰

郊所以明天道又曰明乎其義治國其如示

諸掌乎自禮經不明章句之儒羣言淆亂朝

0664

五禮通考卷首第一

內廷侍奉禮部右侍郎金匱秦蕙田編輯

婁太倉儲嘗肆隸熊窴桐城方觀承同訂　國子監司業金匱吳　鼎

按察司副使元和朱宗元　參校

禮經作述源流上

王氏通曰吾視千載而上聖人在上者未有若周公焉

其道則一而經制大備後之爲政者有所持循矣

陸氏德明曰周儀二禮竝周公所制　　三禮次第周爲

本儀爲末

孔氏穎達曰洛誥云考朕昭于刑乃單文祖德又禮記

明堂位云周公攝政六年制禮作樂頒度量于天下所

制之禮則周官儀禮也

賈氏公彥曰周禮儀禮發源是一理有始終分爲二部

竝是周公攝政太平之書周禮爲末儀禮爲本

五禮通考卷首一

一

30349　五禮通考二百六十二卷目録二卷首四卷　（清）秦蕙田撰

清乾隆刻本　瀋陽故宮博物院

379

春秋困學錄卷一

柏鄉　楊宏聲著

隱公　名息姑惠公之子周公八世孫以平王四十九年即位

元年春王正月

元年者君之始年也春王者四時之首王正月者今王之正月建子也王不先春者月改則春移春正月所改始也雖

無事必書正月謹始也

古天重正月五等後世重元年皆所以大一統所以然者古五等諸侯皆得國中自紀其元蓋

改前代正朔使天下奉行故書王正月後世自秦朔後皆行夏時故不重正月自秦

發封建尺地一民皆行天子其之有安得不稟天子之元雖分封諸王其後或行或廢竟

不能復縱有建國不過衣租食稅與郡縣無

春秋困學錄　卷一　一

30350　**春秋困學錄十二卷**　（清）楊宏聲撰　清乾隆三十九年（1774）

刻本　瀋陽市圖書館

日講春秋解義

隱公

公名息。姑魯惠公之子。姬姓。侯爵。自至隱公攝主國事。諡法。不尸其位曰隱。

周

室微弱。至平王四十九年。平王崩。桓王立。秋魯隱公三年。陽。盡舉故都而棄之。秦所謂東周也。於是王文武開基。始都豐鎬。幽厲板蕩。平王東遷洛周公子伯禽。始受封傳世十有二。而

鄭

姬姓。伯爵。自桓公始受封周厲王之子宣王。封弟之弟也。于武公。武公子莊公。莊公元年。封弟段于京。二十二年。克。段于鄢。入春秋。

齊

姜姓。侯爵。自太公相武王定殷受封于齊。受命專征。侯伯。傳世十三。至僖公九年。入春秋。

宋

子姓。公爵。周武王定殷。封微子啟于宋以奉殷祀。傳世十四。至穆公七年。入春秋。魯隱

30351　日講春秋解義六十四卷　〔清〕庫勒納等撰　清乾隆二年（1737）
武英殿刻本　遼寧省圖書館

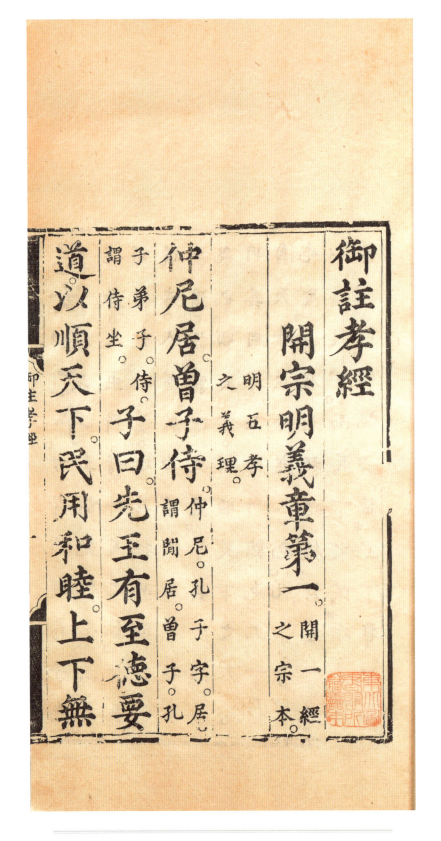

御註孝經

開宗明義章第一 開一經之宗本。

明五孝之義理。

仲尼居 仲尼。孔子字。居謂閒居。曾子侍 謂弟子侍坐。

子曰先王有至德要道以順天下民用和睦上下無

30352　御註孝經一卷　（清）世祖福臨撰　清順治十三年（1656）內府刻本

遼寧省圖書館

大學大·舊音泰。
今讀如字。

朱熹章句

子程子曰大學孔氏之遺書而初學入

德之門也於今可見古人為學次第者。

獨賴此篇之存而論孟次之學者必由

是而學焉則庶乎其不差矣。

大學之道在明明德在親民在止於至善。子程

日·親·當作新。○大學者·大人之學也·明·明之
也·明德者·人之所得乎天而虛靈不昧以具
衆理而應萬事者也·但爲氣稟所拘·人欲所
蔽則有時而昏然其本體之明則有未嘗息
者故學者當因其所發·而遂明之·以復其初
也·新者·革其舊之謂也·言既自明其明德又

大學

卷之二

30353　四書集注二十一卷　〔宋〕朱熹集注　清乾隆明善堂刻本　遼寧
省圖書館

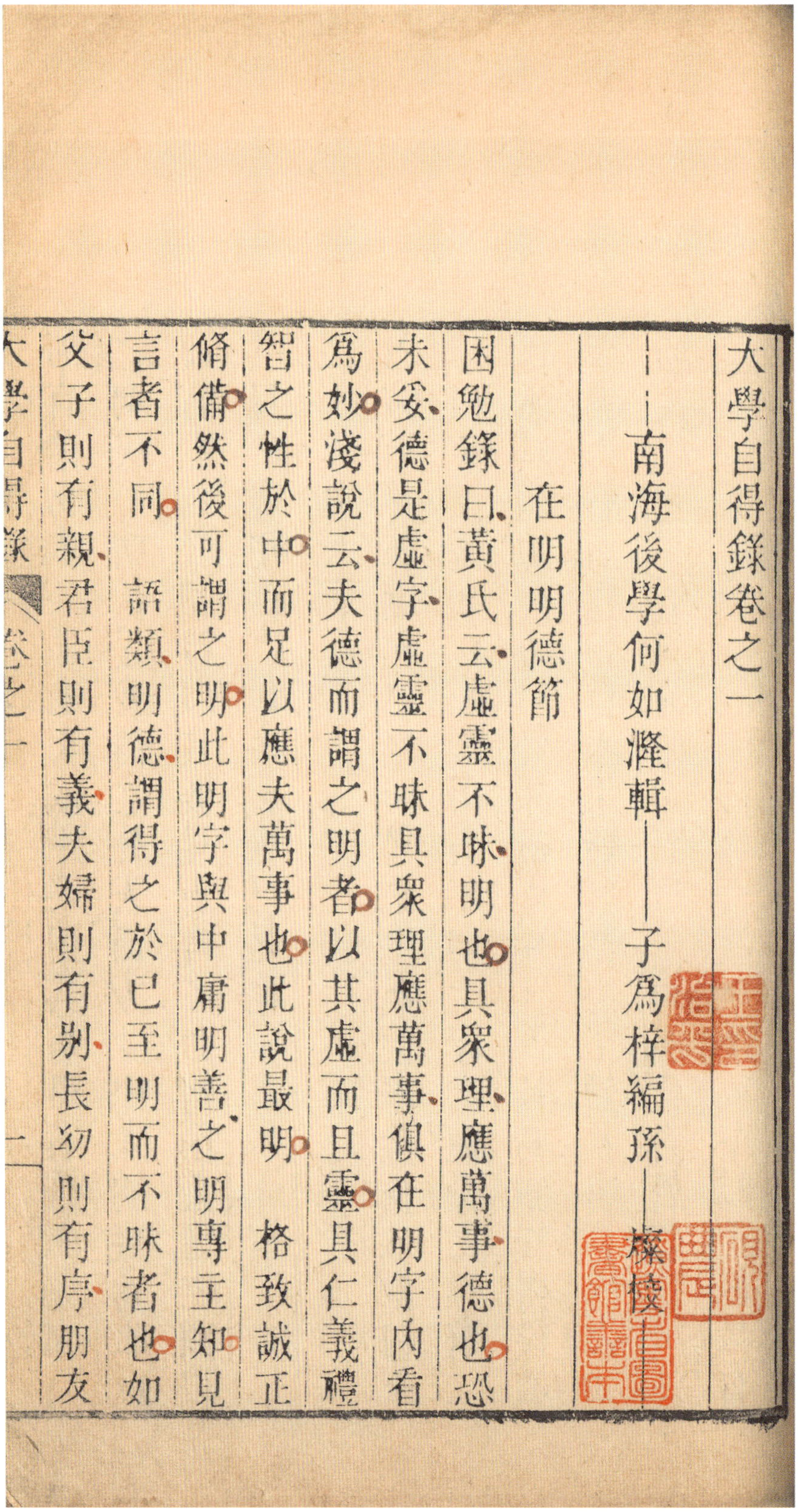

大學自得錄卷之一
南海後學何如漋輯　子爲梓編孫　樑校
在明明德節
困勉錄曰黃氏云虛靈不昧明也具衆理應萬事德也恐未妥德是虛字虛靈不昧具衆理應萬事俱在明字內看爲妙淺說云夫德而謂之明者以其虛而且靈具仁義禮智之性於中而足以應夫萬事也此說最明　格致誠正脩備然後可謂之明此明字與中庸明善之明專主知見言者不同　語類明德謂得之於已至明而不昧者也如父子則有親君臣則有義夫婦則有別長幼則有序朋友
大學自得錄　卷之一　一

30354　四書講義自得錄十卷　（清）何如漋撰　清乾隆二十六年（1761）刻本　遼寧省圖書館

陸稼書先生四書講義遺編卷一

門人趙鳳翔魚裳編次

後學　馮　瑜在清
　　　楊鍾岳嵩望

男陸宸徵直考叅閱

楊剛中弜行仝訂

張培源江亭仝訂

三魚堂鐫

大學總論

或問春秋載夏五郭公杞子伯甲成已五之類疑則傳疑

未嘗輒加增損論語曰君子于其所不知蓋闕如也至

宋代儒者多以己意刪訂經文二程改大學朱子作孝

經刊誤夫程朱雖賢不能踰仲尼仲尼不敢改魯史而

程朱敢改孝經可乎曰春秋紀事之書事不可以

臆斷孝經大學言理之書理則可以類推或傳疑或更

定固各有其道也經固不可擅改而亦豈可因噎廢食

30355　陸稼書先生四書講義遺編六卷　〔清〕陸隴其撰　〔清〕趙鳳
翔編　清康熙四十四年（1705）陸隴其三魚堂刻本　遼寧省圖書館

駁呂留良四書講義

大學

聖經

呂留良云大學無重心義以其本天也盡心只可當
知至存心只可當正心不可以該明新也單說心卽
本心之學

非聖學也

張子曰。心統性情者也。朱子引孟子言仁之心義之心。
以証心統性之說引孟子言惻隱之心羞惡之心以証
心統情之說是則性非他。卽理之具於心而寂然不動
者是也。情非他。卽性之發於外而感而遂通者是也。寂

大學

二

30356　駁呂留良四書講義八卷　　〔清〕朱軾等撰　清雍正内府刻本

遼寧省圖書館

大學或問卷之一

朱熹著

經一章

或問大學之道吾子以爲大人之學何也曰此對小子之
學言之也曰敢問其爲小子之學何也曰愚於序文已
略陳之而古法之宜於今者亦既輯而爲書矣學者不
可以不之考也曰吾聞君子務其遠者大者小人務其
近者小者今子方將語人以大學之道而又欲其考乎
小學之書何也曰學之大小固有不同然其爲道則一
而已是以方其幼也不習之於小學則無以收其放心
養其德性而爲大學之基本及其長也不進之於大學
則無以察夫義理措諸事業而收小學之成功是則學

30357　朱子四書或問三十九卷附中庸輯略二卷　〔宋〕朱熹撰

清初墨瀾齋刻本　瀋陽市圖書館

朱子大學或問小註

侯官鄭任鑰魚門校訂

受業宛陵湯友信景范黍校

聖經

大學之道章

大學是對小學言蓋古者黨有庠州有序是、小學至國有
學是大學所謂十五而入大學是也、小學中三物之訓所
以習其事也、大學則詩書禮樂之教所以明其理也、三代
以前之教大槩如此自王道衰聖教微故聖人推明其道
以示人首節尤其全體大用之要者。

古者十五而入大學、此以言其秀者、此外則餘夫受田
二十五畝、卽在此時。

朱子或問小註　聖經　一

30358　朱子四書或問小註三十六卷　〔宋〕朱熹撰　〔清〕鄭任鑰校訂
〔清〕湯友信參校　清康熙六十一年〔1722〕鄭任鑰刻本　遼寧省圖書館

四書餘說大學卷一

豹陵孫　爌貞鏧述編　男　　曾伯力校閱

同學曹天毓鈍庵參訂　　　華仲淳校閱

大學之道　章旨

此章蓋孔子之言而曾子述之以垂訓故謂之聖

經常分三段看首節先列三綱領以見大學全理

次節卽緊承第三綱領起論急提知止以明止至

善得至善之所由此蓋以大學之得力處示人也

蓋凡學皆知行並用而得力尤在於知大學之止

至善亦知行並用而得力尤在於知止也第三節

四書餘說　大學卷一　　一

30359　四書餘說二十卷　　〔清〕孫爌撰　清康熙五十六年（1717）惇裕

堂刻本　遼寧省圖書館

六經圖卷之一

後學潮陽鄭之僑東里編輯

日月爲易	大十三易	總括象數
河圖	洛書	易象相生
伏羲八卦	文王八卦	卦配洛書
先天卦	中天卦	先後中天總
六十四卦萬物之數		八卦取象
八卦象生	陽卦順生	陰卦逆生
重易六爻	十有八變	

六經圖　　卷之一　易經

一

30360　六經圖二十四卷　〔清〕鄭之僑撰　清乾隆九年（1744）述堂刻本

大連圖書館

六經圖卷之一

後學潮陽鄭之僑東里編輯

日月爲易　　大十三易　總括象數

河圖　　　　洛書　　　易象相生

伏羲八卦　　文王八卦　卦配洛書

先天卦　　　中天卦　　先後中天總

六十四卦萬物之數　　　八卦取象

八卦象生　　陽卦順生　陰卦逆生

重易六爻　　十有八變

六經圖

卷之一　易經

30361　六經圖二十四卷　（清）鄭之僑撰　清乾隆九年（1744）述堂刻本

大連圖書館

六經圖卷之一

後學潮陽鄭之僑東里編輯

日月爲易　　大十三易　　總括象數

河圖　　　　洛書　　　　易象相生

伏羲八卦　　文王八卦　　卦配洛書

先天卦　　　中天卦　　　先後中天總

六十四卦萬物之數　　　　八卦取象

八卦象生　　陽卦順生　　陰卦逆生

重易六爻　　十有八變

六經圖　　　〈卷七〉　　　一　易經

30362　六經圖二十四卷　（清）鄭之僑撰　清乾隆九年（1744）述堂刻本

瀋陽故宮博物院

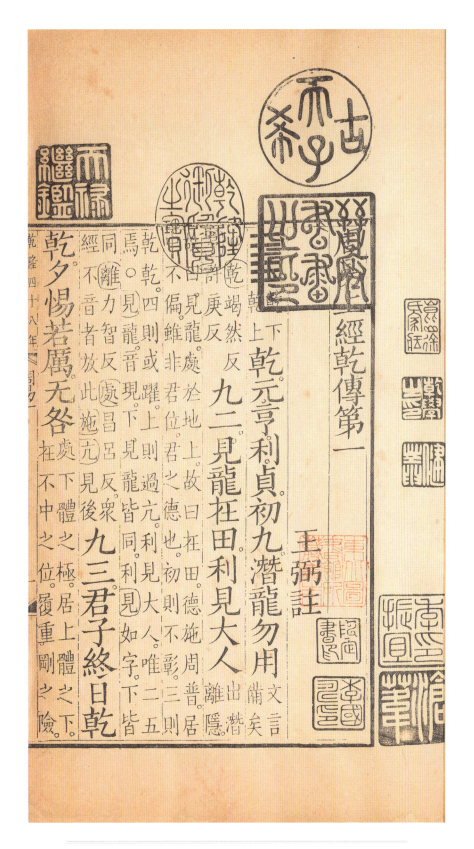

30363　御定仿宋相台岳氏五經九十六卷附考證　〔元〕岳浚編

清乾隆四十八年（1783）武英殿刻本　遼寧省圖書館

爾雅正義卷第一

文淵閣校理翰林院編修加一級教習庶吉士充國史館纂修官邵晉涵撰集

爾雅序

爾雅所爲作者正名也劉熙釋名云爾雅
爾昵也昵近也雅近正也爾雅者正其名義也五方之言
近正爲主也以齊音楚語風氣區分夫殊言必統繫毛
長互異不有會通曷窺古要雖近會而爾雅正也漢世毛
於雅訓故張晏漢書註亦曰爾雅近語而爲詩之作多爲釋
公作篇有釋詁訓傳孔頴達疏云毛依爾雅訓故而作或又曰
詩而篇有釋詁訓傳孔頴達疏云毛以釋詩而後儒作或則曰
毛傳依於爾雅專爲釋詩也後儒依爾雅作或又曰爾雅定物之有正名
猥曰爾雅之文依於爾雅專爲釋詩而後儒作或則曰書字有
成書日持論蹤駁殊無實證得謂易書字有春秋禮義經之訓正釋名
六蓺之文同條共貫買彰即有訓釋書必有正業爾雅國
有異於詩夫文字小學師儒講習諷釋周官必有正業爾雅
子八歲入小學師儒講習諷釋周官必有正業爾雅

30364　爾雅正義二十卷　（清）邵晉涵撰　釋文三卷　（唐）陸德明撰

清乾隆五十三年（1788）邵氏面水層軒刻本　瀋陽師範大學圖書館

埤雅卷第一

中大夫守尚書左丞上柱國吳郡開國公賜紫金魚袋陸　佃　撰

釋魚

龍	鯉	魴	鱣
鱓	鰻	鱘	鮪
鱔	鯊	鰷	鮒
鱀	鮫	鮹	蛟

龍

龍八十一鱗具九九之數九陽也鯉三十六鱗具六六之數六陰也龍亦卵生思抱雄鳴上風雌鳴下風而風

30365　埤雅二十卷　（宋）陸佃撰　清康熙三十九年（1700）常熟顧栻如月樓刻本　遼寧師範大學圖書館

說文解字第一上　漢太尉祭酒許慎記

銀青光祿大夫守右散騎常侍上柱國東海縣開國子食邑五百戶徐鉉等奉

敕校定

十四部　六百七十二文　重八十

凡萬六百三十九字

文三十一 新附

一惟初太始道立於一造分天地化成

六書通

海鹽畢弘述皖明篆訂　茗溪程昌煒赤文同校

閔齊伋　章舍貞　同校

上平聲上第一

一東

建首動也从木官溥說　从日在木中得紅切

東太守章　東賢　東方　東忠　東單　東　古孝　東穆公
東　印敔隴東　東
印敔隴東　說文水出發鳩山　極也多　朱脩能印書　通（附）
東人於河德紅切　貢切　圖○六書統云周而　東　季印書
冬日案說文之無變者三千餘字今各以類附於得
變者於以通其變焉他書不與也以後免說文二字

冬書通
冬　也都宗切　東
冬　說文四時盡　古不　碧落　存　經

30367　六書通不分卷　（明）閔齊伋撰　（清）畢弘述篆訂　清康熙五十
九年（1720）刻本　魯迅美術學院圖書館

六書分類 卷一

汝南傅鸞祥淑嵓甫命書————男　　　世垚賓石氏手鐫

世磊友石氏叅訂

同里周呈兆際美甫鑒定　　　男　　　天辰撫五氏補校

天健一巷氏授梓

一部

一聲

囚入　　小篆　弍　古孝　寺　古尚　虍　古老　一　古至

齊侯

鐈

六書分類 卷一　一部　　　　　　一
經　孝　書　子

30368　六書分類十二卷首一卷　（清）傅世垚撰　清康熙三十八年（1699）
聽松閣刻本　瀋陽市圖書館

說文解字第一篇上

金壇段玉裁注

一　惟初大極道立於一造分天地化成萬物

一之形於六書爲指事也　某者自序所謂分別部

漢書曰元本本數某

始於一凡一之屬皆从一

一之屬皆从一　六書音均第十二部○凡注言與

凥不相襍廁也爾雅方言所以發明轉注假借倉頡篇以四言七言成

熹及凡將急就元尚飛龍聖皇諸篇僆以

文皆不言字形原委以字形爲書俾學者因形以考音與

義實始於許以悉切古韵也○凡注

古韵十七部自倉頡造字時至唐虞三代秦漢以及表

一部二部以至十七部者謂古韵也玉裁作六書音均表

識古韵曰某聲曰某字志之曰古音第幾部又恐學故

許叔重造說文曰某聲又某字不知其所

既用徐鉉切音矣所又於說文十五篇之書不知其所

者未見六書音均表五篇俾形聲相表裏因崇推究於古形

後附六書音均表五篇俾形聲相表裏因崇推究於古形

30369　說文解字注三十卷六書音均表五卷　（清）段玉裁撰　清同治六年至十一年（1867-1872）蘇州保息局刻本　許克勤、王仁俊題識　遼寧省圖書館

此是王懷祖所校說文只鈔得此數葉惜未錄其全本

高郵王念孫曰徐鍇以爲元字不當從兀聲故繫傳注云

聲字人妄加之也今考說文㲋字從囟聲或從兀聲作髡

又軷字從車元聲音月昂小車無軷之軷蓋元與兀本一

聲之轉故元從兀聲而㲋兀之字可㲋元㲋元之字又可

㲋兀㲋又唐元度九經字樣皆本說文其元字注亦云㲋

一兀聲則說文本作㲋一兀聲明甚徐鍇不得其解削去

聲字徐鉉又改爲从一从兀竝非

二篇弟十二行王云一云善說文文無此例蓋徐鉉所加也

30370　說文解字校勘記一卷　〔清〕王念孫撰　清種松書屋抄本　遼寧
省圖書館

說文字原集註卷一

欽賜舉人充三分四庫書篆隸校對臣蔣和謹撰恭擬進

呈本

字原叙目 凡五百四十部

一部 一
二部 上
三部 示
四部 三
五部 王
六部 玉
七部 玨
八部 气
九部 士
十部 丨
十一部 屮
十二部 艸

說文字原集註

30371　說文字原集註十六卷表一卷表說一卷　（清）蔣和撰　清乾隆五十三年（1788）刻本　遼寧省圖書館

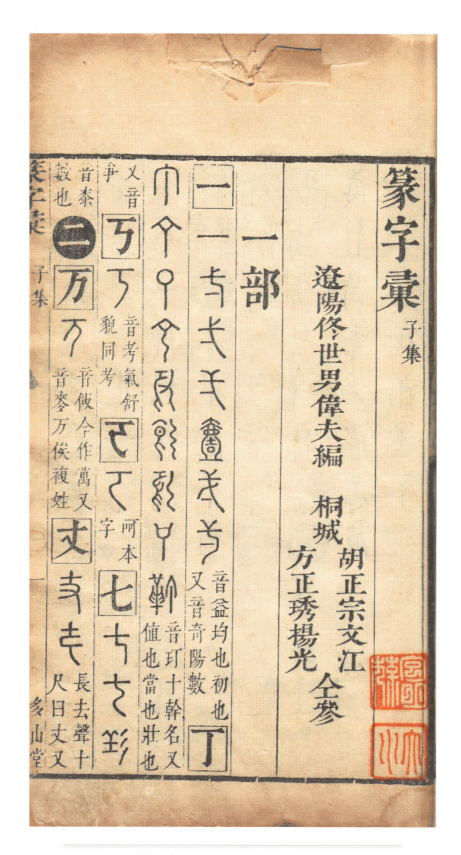

廣韻上平聲卷第一

德　東第一　獨用

紅

宗　冬第二　鍾同用

都

職　鍾第三

容

古　江第四　獨用

雙

章　支第五　脂之同用

移

脂　脂第六

旨

夷

非　微第八　獨用

無

微

而　之第七

止

之

語　魚第九　獨用

居

魚

俱　虞第十　模同用

胡　模第十一

莫

奚　齊第十二　獨用

齊

古　佳第十三　皆同用

佳

古　皆第十四

諧

呼　灰第十五　咍同用

恢

灰

呼　咍第十六

來

鄰　眞第十七　諄臻同用

職

眞

之　諄第十八

純　諄臻同用

30373　廣韻五卷　〔宋〕陳彭年等撰　清康熙四十三年（1704）張士俊影

宋刻澤存堂五種本　梁履繩批校　張琢成跋　遼寧師範大學圖書館

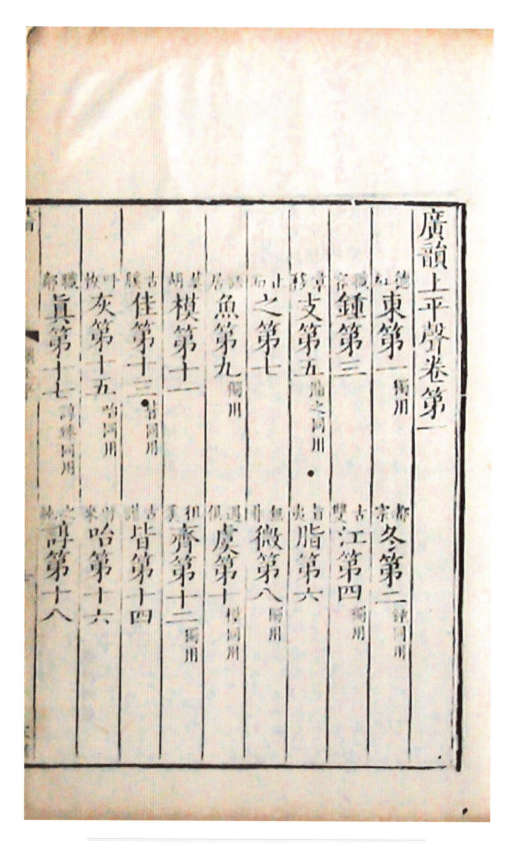

30374　廣韻五卷　　（宋）陳彭年等撰　　清康熙四十三年（1704）張士俊影

宋刻澤存堂五種本　　王頌蔚批校題跋　　遼寧師範大學圖書館

30375　廣韻五卷　〔宋〕陳彭年等撰　清康熙符山堂刻本　遼寧師範大學
圖書館

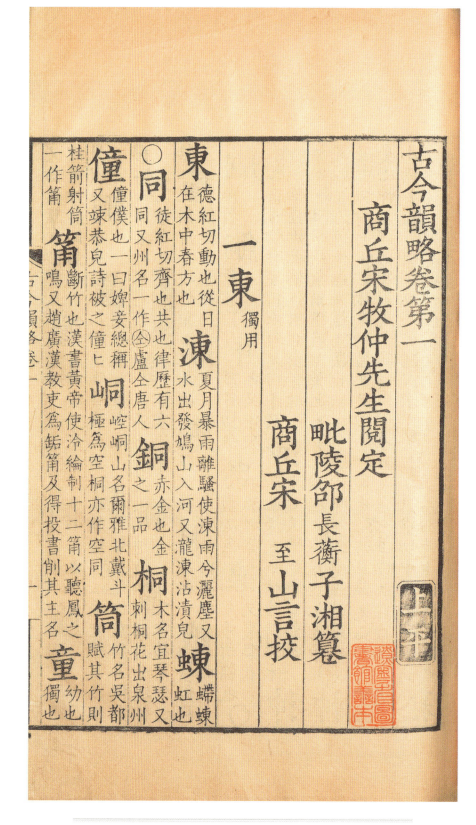

30376 古今韻略五卷 〔清〕邵長蘅撰 清康熙三十五年（1696）宋犖刻本

遼寧省圖書館

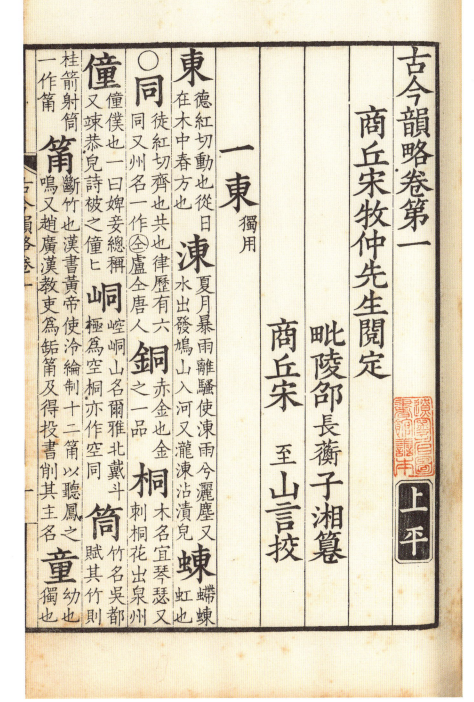

古今韻略卷第一

商丘宋牧仲先生閱定

毗陵邵長蘅子湘纂

商丘宋　至山言校

上平

一東　獨用

東　德紅切動也從日在木中春方也

凍　夏月暴雨離騷使凍雨兮灑塵又水出發鳩山入河又瀧凍沾漬見

蝀　虹也　蠪蝀

銅　赤金也金之一品

桐　木名宜琴瑟又刺桐花出泉州

筒　竹名吳都賦其竹則

○同　徒紅切齊也共也律歷有六同又州名一作全　盧仝唐人

峒　崆峒山名爾雅北戴斗極為空桐亦作空同

僮　僮僕也一曰婢妾總稱又竦恭見詩被之僮兮

童　幼也獨也

桂箭射筒一作篃

篃　斷竹也漢書黃帝使泠綸制十二篃以聽鳳之鳴又趙廣漢教吏爲鉤篃及得投書削其主名

30377　古今韻略五卷　（清）邵長蘅撰　清康熙三十五年（1696）宋犖刻本

遼寧省圖書館

欽定叶韻彙輯

上平聲

一東

東　德紅切，春方也。[漢書]少陽在東方。東，動也。從日在木中，會意也。[禮記]大明生于東。又姓，[陶]潛聖賢羣輔録舜友。同徒紅切。[說文]同合也，又齊也，共也。[漢刑法志]成十為終，終十為同，同方百里。又[說文]赤金也。[廣韻]

東不訾，州名。[漢]馮翊地。一曰爵佥，徒紅切為終，終十為

銅　金之一品。[漢歷律志]凡律不律，不為燥濕寒暑變節，不

名祭用銅者取其為物至精，不為燥濕寒暑變節。山上有薑，下有銅鐵。

為度量用銅者，取其為物至精，不為霜露風雨改形也。[酉陽雜俎]

桐　赤紅切。木名。子可食。[詩疏]有青白[禮記]季春之月，桐始華。

徒紅切木名。三種[禮記]季春之月桐始華。

筒　與箭字互用。徒紅切竹名。

30378　欽定叶韻彙輯十卷　（清）梁詩正撰　清乾隆十五年（1750）武英殿刻本　遼寧省圖書館

欽定叶韻彙輯

上平聲

一東

東德紅切春方也漢書少陽在東方東動也從日在
木中會意也禮記大明生于東又姓陶潛聖賢羣
輔錄舜友同徒紅切說文同合也又爲同同方百里又
東不訾也

同法志成十爲終十爲同同方百里又

州名漢馮翊地一曰爵徒紅切說文赤金也廣韻
名祭以酌酒者取其爲物至精不爲燥濕寒暑變
爲度量用銅者改形也酉陽雜俎山上有薑下有銅鐵
霜露風雨也漢歷律志凡律不

桐赤紅切木名于可食詩踈有青白名
徒三種禮記季春之月桐始華

筒與簫字互用
徒紅切竹名

弘簡錄卷之一

明刑部員外郎仁和邵經邦弘齋學

皇清翰林院侍講學士四世孫遠平校閱

天王　唐一之一

高祖皇帝姓李氏諱淵字叔德隴西成紀人七世祖暠當晉末
據秦涼是為涼武昭王六世祖歆生重耳魏弘農太守是生皇
高祖熙任金門鎮將戍於武川因家焉皇曾祖天賜仕魏贈司
空皇祖虎魏太尉賜姓大野氏與李弼等八人佐周代魏有功
加柱國封唐國公卒謚曰襄皇考昞襲封任隋安州總管柱國
大將軍卒謚曰仁以周天和元年生高祖於長安體有三乳及
長偶儻豁達仁容衆襲封唐公母獨孤氏隋文帝后姊特見
親愛復其姓李初補千牛備身累轉譙隴岐三州刺史榮陽樓

0294

明史藁

光祿大夫　經筵講官明史總裁戶部尚書加七級臣王鴻緒奉

敕編撰

本紀第一

太祖一

太祖開天行道肇紀立極大聖至神仁文義武俊德成功高皇帝諱元璋字國瑞姓朱氏濠州鍾離人先世家沛後徙句容里名朱巷高祖伯六是為德祖曾祖四九是為懿祖祖初一是為熙祖父世珍是為仁祖宋季熙祖始徙居泗州元時仁祖再徙鍾離之東鄉母淳皇后陳氏生四子太祖其季也前一夕后夢神饋白藥一丸置掌中有光吞之寤猶間香氣及產紅光滿室自是夜數有光鄰里望見驚以為火輒奔救

黃雲山人集　史藁

敬慎堂

30381　明史藁三百十卷目録三卷　　〔清〕王鴻緒撰　清雍正敬慎堂刻本

瀋陽故宫博物院

綱鑑彙編卷之一上

平江蔡方炳九霞氏纂輯

太昊伏羲氏

太昊之母、居於華胥之渚、履巨人跡、意動虹且遶之、因而始娠、生帝於成紀以木德王、風姓、有聖德、象日月之明、故曰太昊、在位一百一十一年。○華胥地名、在陝西藍田縣成紀、縣名、漢置成紀縣、屬天水郡、晉以後皆因之、今屬鞏昌府、

作都於宛丘 今河南開封府陳州。○都、總也、天子總會人民之所、

立二相罷六佐、

共工爲上相柏皇爲下相金提王化俗烏明王建

通鑑韻書卷之一

昌安沈尚仁閭之編註弟

男　沈恒道康成

沈仁敷寧之

沈仁緯方之　參校

門人郁有章青南

韻目

上平聲

一東周紀　　二冬後漢紀
　　唐紀　　　南唐紀

三匯五代宋劉裕紀　四支北宋紀
　北宋紀　　　　　西漢紀
　　　　　　　　　泰紀

五微北宋　　　　六魚南宋紀
　泰紀　　　　　南宋紀

通鑑韻書　　卷之一　　韻目

30383　通鑑韻書附録彈詞三十二卷　（清）沈尚仁編　清康熙四十四

年（1705）玉極堂刻本　遼寧省博物館

建炎以來繫年要錄卷一

宋 李心傳 撰

建炎元年歲次丁未金太會五年春正月臣謹按建炎元年在

載乃中興事始故依資治通鑑及累朝寔錄歲當依舊史今為所

元例即于歲首書之或謂建元元年無春當依舊史

用是靖康二年紀事臣謂不然春秋以六月即

位之日是六年春王晉人執昭公三十三矣而此書六月以月書

戊辰公元年即位公謂定元年執謂元年之宗仲春于故京師以月書

取元加春秋之蓋亦竊辛卯朔淵聖皇帝朝道君太上皇帝

于延福宮是日兵馬大元帥康王軍行次陽穀縣謹按

王名構字德基道君皇帝第九子母曰韋賢妃實錄按

體例當云顯仁皇后韋氏則紹興三十五年以後所書

也日思則云宣和皇后韋氏則建炎元年五月以後所書

顯仁未正尊名則書法當如此時大觀元年五月乙巳

建炎以來繫年要錄卷一

繹史卷一　　太古第

開闢原始

列子　昔者聖人因陰陽以統天地夫有形者生於無形則天地
安從生故曰有太易有太初有太始有太素太易者未見氣也
太初者氣之始也太始者形之始也太素者質之始也氣形質
具而未相離故曰渾淪渾淪者言萬物相渾淪而未相離也視
之不見聽之不聞循之不得故曰易也易無形埒易變而為一
一變而為七七變而為九九變者究也乃復變而為一者形
變之始也清輕者上為天濁重者下為地故天地含精萬物化
生

開闢原始

30385　繹史一百六十卷世系圖一卷年表一卷　〔清〕馬驌撰　清康
熙刻本　錦州市圖書館

三藩紀事本末卷一

青浦楊陸榮　氏編

三藩僭號

福王名由松神宗孫福王常洵之子洛陽陷王避難
南下次淮安值甲申三月國變南中府部等官會議
監國鳳督馬士英後書史可法及兵部侍郎呂大器
請奉福王可法大器以潞王稍有賢譽持未決而士
英密與操江誠意伯劉孔昭摠兵劉澤清高傑黃得
功劉良佐擁兵迎王於江上王至南京以內守備府

30386　三藩紀事本末四卷　〔清〕楊陸榮撰　清康熙五十六年〔1717〕

刻本　大連圖書館

御製親征朔漠紀略

三十四年八月噶爾丹至克魯倫河掠納木扎爾

陀音後竟於克魯倫土喇相近處居住自秋祖冬

將朕三次使臣甚加侮辱朕因是深知此人力強

志大必將窺伺中原不至殞命不止豈容泛視寔

諸度外若聽磽磽庸人畏憚勞苦之言恐後日亦

似前代各省竭脂盡靡費於邊塞矣故預寫遠圖

御製親征朔漠紀略

三十四年八月噶爾丹至克魯倫河。掠納木扎爾

陀音後。竟於克魯倫土喇相近處居住自秋祖冬。

將朕三次使臣甚加侮辱。朕因是深知此人力强

志大。必將窺伺中原。不至殞命不止。豈容泛視。實

諸度外。若聽碌碌庸人。畏憚勞苦之言。恐後日亦

似前代各省膏脂。盡糜費於邊塞矣。故預爲遠圖。

御製親征朔漠紀略

平定兩金川方畧

總裁提調收掌纂修諸臣職名

總裁

經筵日講起居注官太子太保議政大臣　御前大臣武英殿大學士領侍衛內大臣文淵閣臣　**舒赫德**

領園事兼翰林院掌院事管理吏部刑部戶部三庫事務鑲黃旗滿洲都統世襲雲騎尉

經筵日講起居注官太子太保議政大臣　御前大臣武英殿大學士領侍衛內大臣文淵閣臣　**阿桂**

閣領閣事兼翰林院掌院事管理吏部刑部三庫事務鑲黃旗滿洲都統等誠謀英勇公

經筵日講起居注官太子太保文華殿大學士文淵閣領閣臣　**于敏中**

事兼翰林院掌院事管理戶部事務世襲一等輕車都尉

李大保議政大臣　御前大臣領侍衛內大臣議政世襲一等果毅繼勇公　**福隆安**

幾儀掌衛事總理內務府大臣兼管陵健鋭營兵事務正黃旗滿洲親領翔駙等忠襄

30389　平定兩金川方畧一百三十六卷首八卷紀畧一卷藝文八卷

〔清〕舒赫德等纂　清乾隆武英殿刻本　大連圖書館

欽定勦捕臨清逆匪紀略

總裁提調收掌纂修諸臣職名

正總裁

經筵日講起居注官太子太保議政大臣 御前大臣領侍衛內大臣文淵閣領閣事 臣 舒赫德

閏事兼翰林院掌院事教習庶吉士管理刑部三庫事務鑲黃旗滿洲都統世襲輕車都尉

經筵日講起居注官太子太保議政大臣 御前大臣領侍衛內大臣文淵閣領閣事 臣 阿桂

兼翰林院掌院事教習庶吉士管理戶部三庫事務鑲黃旗滿洲都統等誠謀英勇公

經筵日講起居注官太子太保文華殿大學士文淵閣領閣 臣 于敏中

事兼翰林院掌院事管理戶部事務世襲一等輕車都尉

副總裁

30390　欽定勦捕臨清逆匪紀略十六卷　（清）舒赫德等纂　清乾隆四十六年（1781）武英殿刻本　大連圖書館

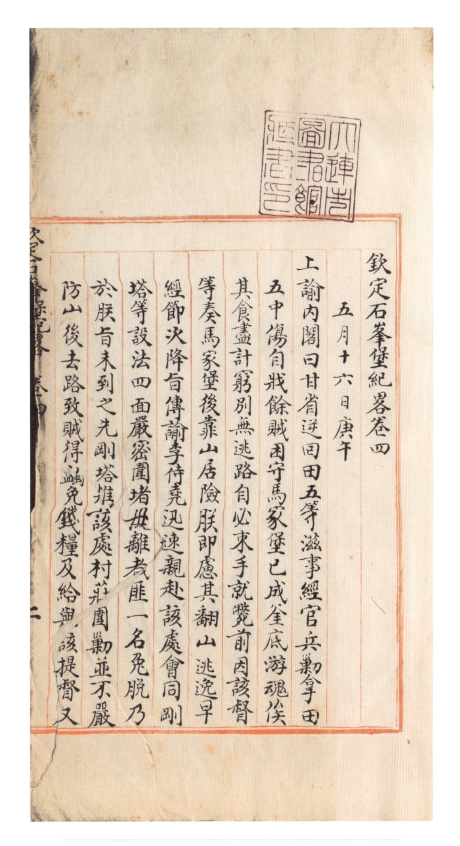

欽定石峯堡紀畧卷四

五月十六日庚午

上諭內閣曰甘省逆回田五等滋事經官兵勦令田
五中傷自戕餘賊困守馬家堡已成釜底游魂俟
其食盡計窮別無逃路自必束手就擒前內該督
等奏馬家堡後靠山居險朕即慮其翻山逃逸早
經節次降旨傳諭李侍堯迅速親赴該處會同剛
塔等設法四面嚴密圍堵毋離尋匪一名兔脫乃
於朕旨未到之先剛塔進該處村莊圍勦並不嚴
防山後去路致賊得漏免錢糧及給與該提督又

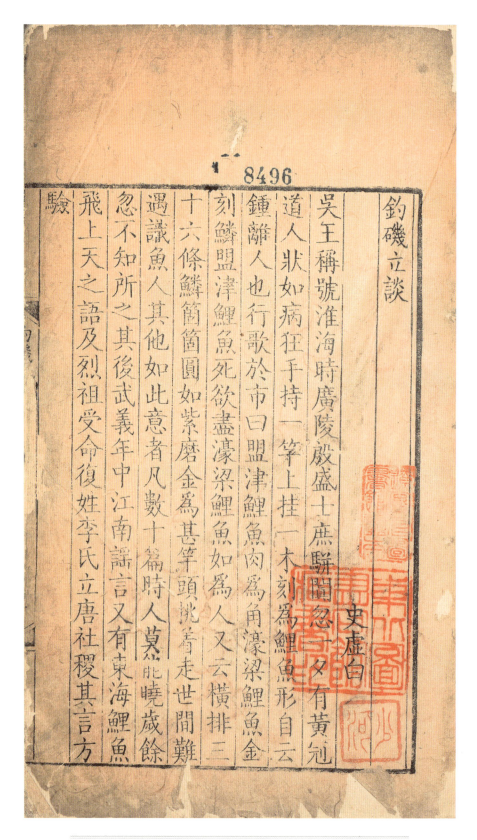

釣磯立談

吳王稱號淮海時廣陵殷盛七庶駢闐忽言夕有黃冠
道人狀如病狂手持一竿上挂一木刻為鯉魚形自云
鍾離人也行歌於市曰盟津鯉魚肉為角濠梁鯉魚金
刻鱗盟津鯉魚死欲盡濠梁鯉魚如為人又云橫排三
十六條鱗箇箇圓如紫磨金為甚竿頭挑着走世間難
遇讖魚人其他如此意者凡數十篇時人慕能曉歲餘
忽不知所之其後武義年中江南謠言又有東海鯉魚
飛上天之語及烈祖受命復姓李氏立唐社稷其言方
驗

30392　釣磯立談一卷　清康熙四十五年（1706）曹寅揚州使院刻棟亭十二
種本　朱錫庚題識　遼寧省圖書館

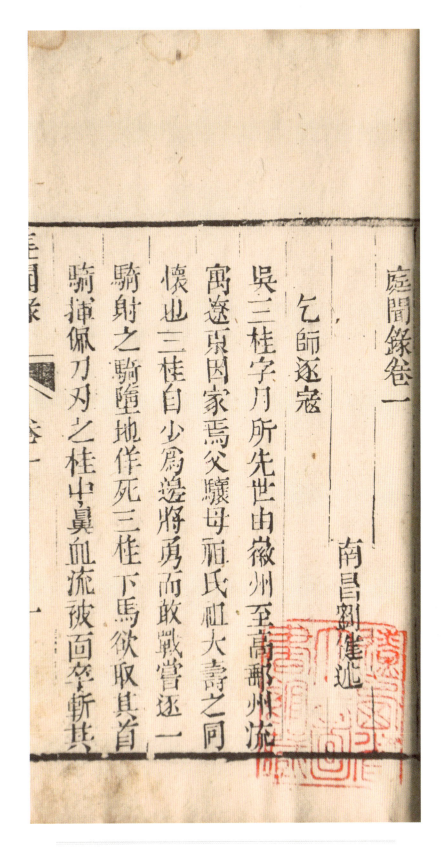

庭聞錄卷一

　　南昌劉健述

乞師逐寇

吳三桂字月所先世由徽州至高郵州流
寓遼東因家焉父驤母祖氏祖大壽之同
懷也三桂自少爲邊將勇而敢戰嘗逐一
騎射之騎墮地佯死三桂下馬欲取其首
騎掉佩刀刃之桂中虜血流被面卒斬其

30393　庭聞錄六卷附平定緬甸一卷　〔清〕劉健撰　清康熙五十八年
（1719）刻本　錦州市圖書館

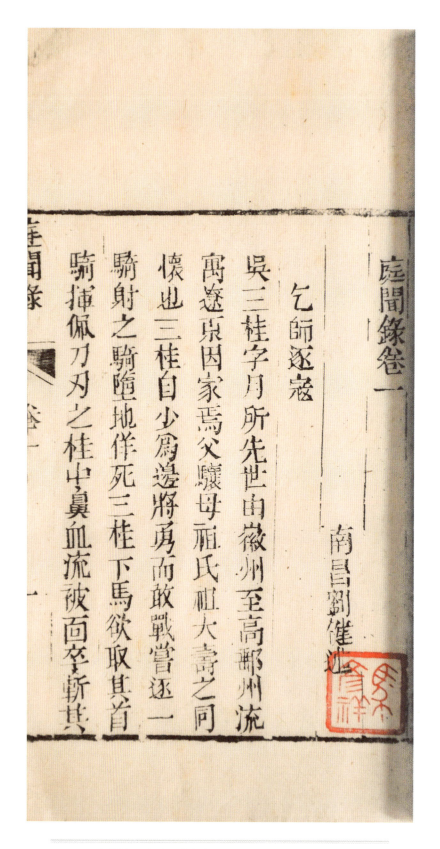

庭聞録卷一

南昌劉健撰

乞師逐寇

吳三桂字月所先世南徽州至高郵州流
寓遼東因家焉父驤母祖氏祖大壽之同
懷也三桂自少爲邊將勇而敢戰嘗逐一
驍射之騎墮地佯死三桂下馬欲取其首
騎揮佩刀刃之桂中鼻血流被面空斬其

庭聞録　　卷一　　一

30394　庭聞録六卷附平定緬甸一卷　（清）劉健撰　清康熙五十八年
（1719）刻本　錦州市圖書館

撫黔紀事

雍正十三年二月二十六日貴州苗叛

黔省古州一帶苗蠻向居化外廻環三千餘里蟠踞數十萬

衆兵械繁多居遍漢民界聯郡縣時出擾掠為地方隱憂前

巡撫貴州張公廣泗承辦理開通安設鎮營扼其要隘欲

以化導拊循漸底馴順規模粗定旋赴西路運營繼事者撫

馭無術八妹高表交乖等寨捏造妖言傳說漢人氣運

不好苗子今年明年氣運都好雷公叫殺漢人天上會落銀

子不用種田便可得米等語傳散木刻到處搆揚悍惡党徒

翕然聽信即婦人女子以群起若狂火利枉利枉利吷銀阿

30395　南征日記五卷　清抄本　遼寧省圖書館

御選明臣奏議卷一

應求直言詔上書 洪武九年 葉伯巨

臣伏讀聖諭因邇者五星紊度日月相刑詔臣民直言

得失海內聞之懽呼雷動皆曰此禹湯罪巳之道也凡

有識知莫不欲竭智盡忠況臣愚蒙久承養育以至今

日者乎臣竊惟漢晉唐宋之世凡有災異必由刑政失

宜賢愚倒置遂至紀綱不振或制於權臣或移於宦寺

或陵夷於女主或潰敗於邊戎上下偷安苟延歲月天

御選明臣奏議 卷一 應求直言詔上書 一

30396　御選明臣奏議四十卷　清乾隆內府抄本　遼寧省圖書館

上諭八旗

雍正十年正月初九日

上諭八旗操演兵丁自古聖賢有云兵可百年不用不

可一日不備是以帝王之治天下未有不以明武備

爲先務者而兵丁之演習武藝亦未有不勤加訓練

而能有成者從來士農工商各治一業苟不專心竭

力則其業必不精況兵丁所司者皆戰鬬之事彎弓

挾矢冑鏑衝鋒非膂力剛強不能披堅執銳非技藝

嫻熟不能克敵宣威奈何怠惰苟安虛度歲月不思

國家設兵之本意不念自已專司之職業乎况爾兵

丁世受國恩朝廷愛養猶如赤子凡八旗將軍大臣

上諭入旗　雍正十年

一

30397　世宗上諭八旗十三卷　〔清〕世宗胤禛撰　〔清〕允禄等編

清雍正九年（1731）内府刻乾隆六年（1741）武英殿續刻本　遼寧省圖書館

總督奏議卷之一

任事日期疏

欽命總督直隸山東河南等處軍務兼理糧餉兵部

尚書兼都察院右副都御史臣李蔭祖謹

奏爲恭報微臣任事日期事臣欽奉

簡命總督直隸山東河南臣隨經詣

闕謝

恩四月十四日捧領

勅諭一道十五日

30398　總督奏議六卷　〔清〕李蔭祖撰　清康熙刻本　大連圖書館

撫豫宣化録奏疏卷之一

河南巡撫臣田文鏡敬梓

奏爲恭謝

天恩仰祈

睿鑒事伏念臣一介庸愚至微極陋仰蒙

聖恩不次擢用由侍讀學士署理山西布政使印務已邀

非分之榮復蒙

特恩補授河南布政使司布政使夙夜水兢正愧涓埃未

報兹又蒙

30399　撫豫宣化録四卷　　〔清〕田文鏡撰　清雍正五年（1727）田文鏡

刻本　大連圖書館

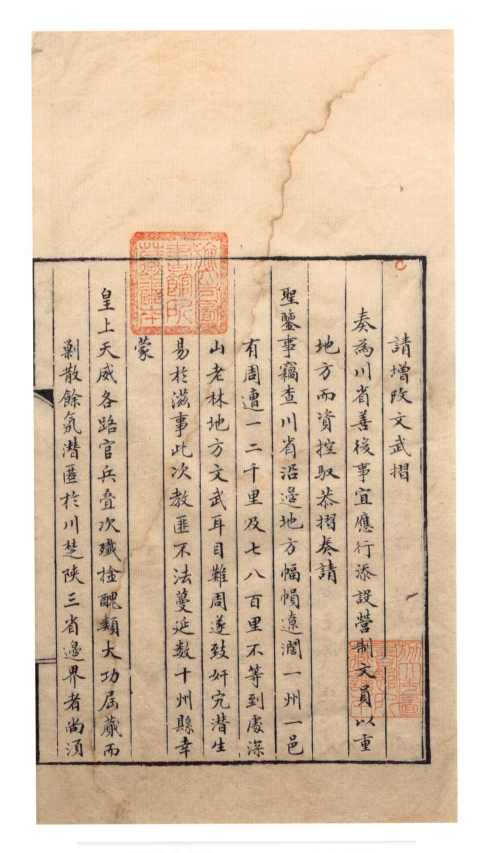

請增改文武摺

奏爲川省善後事宜應行添設營制文員以重

地方而資控馭恭摺奏請

聖鑒事竊查川省沿邊地方幅幀遼闊一州一邑

有周遭一二千里及七八百里不等到處深

山老林地方文武耳目難周遂致奸宄潛生

易於滋事此次教匪不法蔓延數十州縣幸

蒙

皇上天威各路官兵疊次殲捦醜類大功届藏而

剿散餘氛潛匿於川楚陝三省邊界者尚須

30400　磨盾偶存草不分卷　　（清）勒保撰　清抄本　大連圖書館

蘭閨寶録卷二

後學惲　珠編次

賢德序言

賢哉婦德　　　寶有助焉

大家著篇　　　道基王化

光益家道　　　往哲徽傳

目録　　　　　　　　禮節情緣

漢鮑宣妻桓少君　　　内則治業

王霸妻　　　樂羊子妻

王良妻　　　李文姬

　　　　　　盛道妻趙媛姜

愛新覺羅

恭查

實錄長白山之東有布庫里山下有池曰布爾湖里相傳

有天女降池畔呑朱果果生聖子生而能言體貌奇

異及長乘舠至河步其地有三姓爭爲雄長日搆

兵亂靡由定有取水河步者見而異之歸語泉曰

汝等勿爭吾見一男子察其貌非常人也天必不

虛生此衆往觀之皆以爲異因詰所由來答曰我

天女所生姓愛新覺羅氏名布庫里雍順天生我

以定汝等之亂者衆驚曰此天生聖人也送昇至

家三姓者議奉爲貝勒其亂乃定謹案我

朝自

太祖肇基興京誕膺

錫姓發祥肇定泉亂

眷祐逮

30402　欽定八旗氏族通譜輯要二卷　　〔清〕阿桂　和珅等纂修　清乾

隆五十七年（1792）武英殿刻本　遼寧大學圖書館

欽定八旗氏族通譜輯要

謹案氏族通譜開載八旗滿洲共六

一姓中每一支內擇其官至三品以上或立有世職

者一人爲之立傳其子孫有官職者按其輩數均載

於傳內或一支中僅有官職無應立傳者卽附於其

末謂之附載如完顏瓜爾佳以下一百五十姓均係

有立傳之人並附載之族尼竺渾以下一百四十四

姓有立傳之人無附載之族又精吉以下二百九姓

百四十五姓每

30403 欽定八旗氏族通譜輯要二卷 〔清〕阿桂 和珅等纂修 清乾

隆五十七年〔1792〕武英殿刻本 衍昌題記 瀋陽故宮博物院

古今指掌上集卷之一

秦始皇紀　名政在王位二十六年並天下即帝位凡十二年

古潤蛟溪歐陽棫筍巷氏述

始皇諱政秦襄王所出嬴姓也世顧傳之為呂不韋之子何歟考

秦襄初名異人為質於趙自趙歸立為嗣呂不韋曾娶邯鄲姬絕

美者○即邯鄲知其有娠一日享異人命姬侑酒異人見而請之不韋

遂以姬獻閱十二月而生子政外議遂由是起然姬侍不韋而知

其有娠○則孕胎必已一二月矣及異人幸之又閱十二月而始生

政安在政之必為不韋子乎雖史傳竟十四月而生顧聖躬誕育

造物鍾靈其事或不可以常理論乃始皇既非聖抱之君而不韋

又欲陰行盜國之計天意其肯曲成之耶大抵秦自商鞅立法以

○後威嚇慘烈人皆欲得而甘心焉遂駕言政為呂氏子明嬴秦已

絕○於○六○國未○滅之○先以差快人意耳若執是而謂史臣信筆則不

一

30404　古今指掌十二卷　（清）歐陽魁　歐陽棫撰　清抄本　伯融題記

萐初跋　遼寧省圖書館

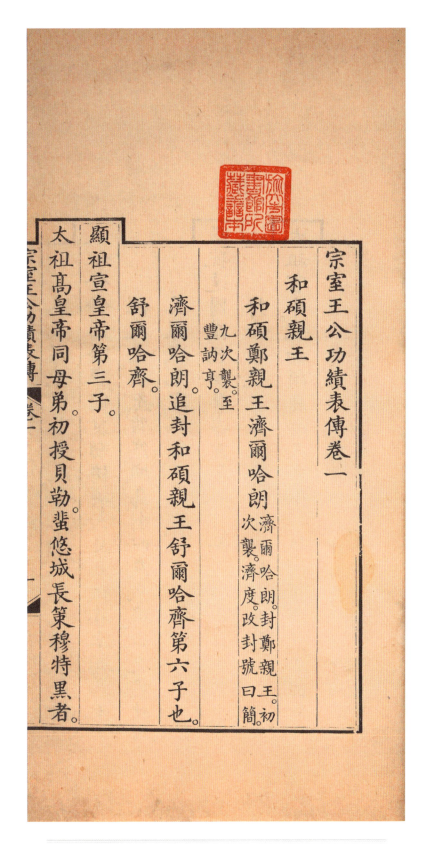

宗室王公功績表傳卷一

和碩親王

和碩鄭親王濟爾哈朗
濟爾哈朗。封鄭親王。初
次襲。濟度。改封號曰簡。
九次襲。至
豐訥亨。

濟爾哈朗追封和碩親
王舒爾哈齊第六子也。

舒爾哈齊。

顯祖宣皇帝第三子。

太祖高皇帝同母弟初授貝勒辈悠城長策穆特黑者。

30405　宗室王公功績表傳五卷表一卷　（清）允秘等撰　清乾隆二十

九年（1764）武英殿刻本　大連圖書館

30406　軍務疏志五卷　〔清〕都興阿撰　清末抄本　大連圖書館

學統卷之一

孝昌熊賜履敬修甫編

正統

孔子

孔子諱丘字仲尼其先宋人也初成湯之後徵子啓、封於宋啓卒弟衍立是爲微仲微仲生宋公稽稽生、丁公申申生緡公共及襄公熙熙生弗父何及厲公、方祀何以國讓厲公何之後遂世爲宋卿何生宋父、周周生世子勝勝生正考甫考甫生孔父嘉嘉五世

30407　學統五十六卷　（清）熊賜履撰　清康熙二十四年（1685）刻本

胡嗣瑗題記　遼寧省圖書館

學統卷之一　　　　　　　　孝昌熊賜履敬修甫編

正統

　孔子

孔子諱丘字仲尼其先宋人也初成湯之後微子啟

封於宋啟卒弟衍立是爲微仲微仲生宋公稽稽生

丁公申申生緡公共及襄公熙熙生弗父何及厲公

方祀何以國讓厲公何之後遂世爲宋卿何生宋父

周周生世子勝勝生正考甫考甫生孔父嘉嘉五世

北里誌

海論三曲中事　　唐翰林學士孫棨撰

平康里入北門東迴三曲即諸妓所居之聚也妓中

有錚錚者多在南曲中曲其循牆一曲甲眉妓所居

頗為二曲輕斤之其南曲中者門前通十字街初登

館閣者多於此竊游焉二曲中居者皆堂宇寬靜各

有三數厲事前後植花卉或有恠石盆地左右對設

小堂垂簾茵榻帷幌之類稱是諸妓皆私有所指占

30409　北里誌一卷　〔唐〕孫棨撰　清咸豐二年（1852）勞權抄本　勞格批

羅振玉題識　遼寧省圖書館

關帝文獻會要卷一

靈武師懿德秉如鑒定

雲間　孫　芑灃有編輯

盛增粲綺霞參訂

本傳

侯姓關氏諱羽字雲長本字長生河東解人也爲人
勇而有義好讀左氏春秋嘗避地奔涿郡與郡人張
飛友善侯年長數歲飛兄事之是時昭烈漢宗室子
家在涿郡遭天下多難有大志所交皆豪俠中山大

30410　**關帝文獻會要八卷**　〔清〕孫芑輯　清康熙四十九年（1710）東
皐雪堂刻本　丹東市圖書館

魏鄭公諫續録卷上

元　翟　思　忠　撰

太宗論自古政化得失因曰大亂之後造次不可致化

公對曰不然凡人居安樂則驕逸驕逸則思亂思亂則

難化在危困則憂死亡憂死亡則思化思化則易教猶

饑人易食也太宗曰善人爲邦百年然後勝殘去殺大

亂之後將來　來疑　致化寧可造次而望乎公對曰此指
　　　　作求

常人不在聖哲若聖哲施化上下同心人應如響不疾

而速期月而可信不爲過三年成功猶謂其晚太宗深

納其言右僕射封德彝等咸其非之曰三代以後人漸

增注

朱文懿公茶史

嘉靖乙未七月十四日癸酉、余母陸夫人實生余、夫人
以病中妊當恐不能舉時曾大父毅巷府君殯於堂大
母徐夫人拜祝於樞前曰願舉一兀宗之孫時兩燭吐
穟垂垂各七蕊相交若梁狀先大夫東武府君以爲奇
里中至今傳誦云余生而穎秀頗異凡兒六歲□陸夫
人見背余猶伏懷中呱呱不忍離徐夫人是夕即抱余
入懷就其室蚤暮拊字之且愛且誨余不知有失恃之
苦徐夫人力也、
次年七歲就外傅、每於句讀中粗知大意余兄南陽公名應儒

30412　朱文懿公茶史一卷　（明）朱賡撰　朱公行狀一卷　（明）
鄒元標撰　清抄本　遼寧省圖書館

徐俟齋先生年譜　　上虞　羅振玉　輯

明天啟三年壬戌　三月二十三日先生生於吳趨里第

先生名枋字昭法號俟齋別號秦餘山人江蘇長洲人曾祖口口

字素庵太學生曾祖姓沈碩人祖錴字雲間處士勅贈翰林院檢討

祖姑雅素貢節朱孺人　昆山朱家佐之女蕭孝先生集父沂字九一號勿齋

崇禎戊辰進士官至詹事府少詹事兼翰林院侍讀學士諡文靖事　璜之婿柏廬先生同純祖姑

兄弟四人皆吳孺人所生也

賈其明吏母吳孺人先生晨第二人先生為文靖伯子伊弟柯字貫時女

天啟三年癸亥　二歲

天啟四年甲子　三歲

天啟五年乙丑　四歲

30413　**徐昭法先生年譜不分卷**　羅振玉輯　稿本　遼寧師範大學圖書館

尋樂堂日録卷一

朱陽竇克勤艮齋甫著　男　容莊　仝編

　　　　　　　　　　　　容邃

皇清順治十年癸巳十一月六日巳時生　時居柏城

宮内

之學

十四年丁酉五歲

春大人始命學授四子書　邑司訓全先生鈜節

延予大人教其子先

30414　尋樂堂日録二十五卷　〔清〕竇克勤撰　清康熙六十一年（1722）

朱陽書院刻本　遼寧省圖書館

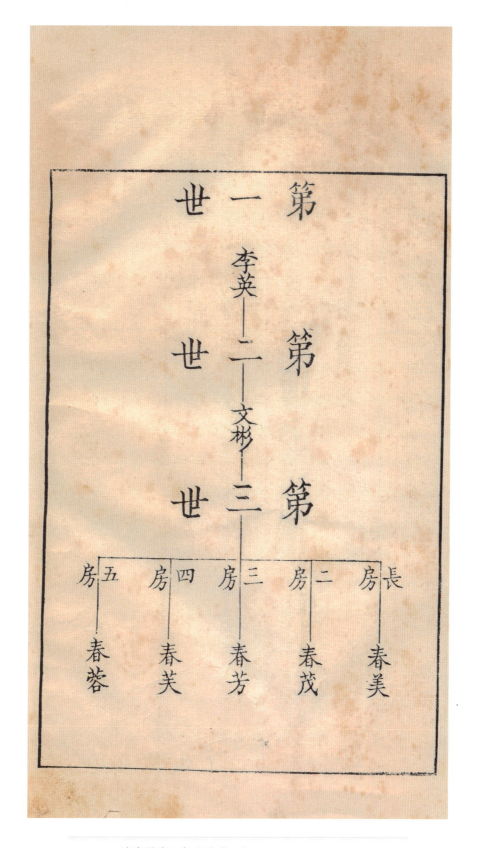

30415 **[遼寧鐵嶺] 李氏譜系四卷** 〔清〕李樹德重修 清康熙六十一

年（1722）刻本 遼寧大學圖書館

開國佐運功臣弘毅公家譜

七世弘毅公長子

班席生於丁亥年係明萬歷十五年其月日時無考及長管勳舊佐領卒年無考葬

於

盛京城北瑂金屯母墓之昭娶覺羅某人之女並生卒俱無考合葬於一墓

生子二人　長多克什庫無嗣　次巴爾祐達

30416　鑲黃旗滿洲鈕祜祿氏弘毅公家譜不分卷弘毅公勳績二卷

弘毅公譜圖一卷　清嘉慶抄本　遼寧省圖書館

前明入學案録存自萬歷四十年起　咸豐辛酉秋九月翰坡重訂

萬歷四十年壬子學院熊名廷弼科考

科入三十六名　邑莊者乎

陳爾善

張應徵貢補　強有為貢補　儲君陞　顧名登　徐拱宸貢補

丁名海　孫守紳　丁嗣庚　周宰臣貢補　湯相

張伯鯨　黃呈理　王之棟　紀杰然　韓魁

壬子　李乘龍　馬廷翰　黃大綸　任中鳳　阮毅

癸丑會　張日昌　崔一甲　章佐聖貢補　王化　黃吉

劉宏宇　徐燿甲子戊辰　崔一科　傅應鶯貢補　凌榮祖　王象謙

30417　前明入學案録存不分卷　〔清〕翰坡考訂　稿本　遼寧師範大學
圖書館

天下山河兩戒考卷一　錄唐天文志

　　　　　　當塗徐文靖註

天下山河之象

易，在天成象。鄭康成曰：象光耀形體貌。後漢天文志

史記天官書曰：天文星經雨戒之間，天關門，韓陽天文戒。

漢書天文志，天道日月五星常出入於南北戒間，天文以

要之山河兩戒，漢書天文志。天道日月五星之朝夕出入。

南北河為兩戒地。亦云兩戒者，以山河分也，荊州占。

河南北分也，戒地界也，荊州占昔隨人氏。

上存乎兩戒。石氏星經兩戒之間，天文以史記天官書曰天文星經雨戒之。

北戒，觀斗極而定方名，東西南北境是也。山有三峯高峻，河圖括地。三危山海經三危之西南山員廣百里，與汝山。

三危，宛宅汪。三危山海經三危之西南山員廣。

其危故曰三危山海經三危山上為天花星在鳥鼠之西極國名後漢西。

相接。呂氏春秋三危之露汪三危西極國名後漢西。

埤象曰三危山上為天花星在鳥鼠之西極國名後漢西。

自三危

30418　天下山河兩戒考十四卷圖一卷　〔清〕徐文靖撰　清雍正元年

（1723）刻本　錦州市圖書館

皇輿表卷之一

京師

直隷府九州二屬州十八縣一百二十

順天府

東至永平府灤州界一百九十里

西至山西大同府蔚州界三百五十里

南至河間府任丘縣界一百三十

北至延慶州界一百六十

里五十里

大興縣　宛平縣　良鄉縣　固安縣

永清縣　東安縣　香河縣　通州

三河縣　武清縣　寶坻縣　昌平州

密雲縣　順義縣　懷柔縣　涿州

30419　皇輿表十六卷　（清）喇沙里等纂修　（清）揆叙等增修　清康熙

四十三年（1704）揚州詩局刻本　遼寧省圖書館

皇輿表卷之一

京師 直隸府九 州二 屬州十八縣一百二十

順天府
東至永平府灤州界一百九十里
西至山西大同府蔚州界三百五十里
南至河間府任丘縣界一百六十里
北至延慶州界
里五十

大興縣　宛平縣　良鄉縣　固安縣
永清縣　東安縣　香河縣　通州
三河縣　武清縣　寶坻縣　昌平州
密雲縣　順義縣　懷柔縣　涿州

皇輿表　卷之一　京師　一

30420　皇輿表十六卷　（清）喇沙里等纂修　（清）揆叙等增修　清康熙四十三年（1704）揚州詩局刻本　遼寧省圖書館

山海關誌卷之一

天文誌

易曰觀乎天文以察時變羲和之命靈臺之經於以

授時體物其有裨於民事甚鉅關門雖僻處

識東陲以一隅之偏而麋觀察之典哉昭警戒動脩

省於是焉在誌天文

　　星野

山海古幽燕地星分尾箕在析木之次

尾九星去極一百二十七度半箕四星去極一百

十一度半　文獻通考

30421　[康熙] 山海關誌十卷　　（清）陳天植等修　　（清）佘一元纂　清
康熙九年（1670）刻本　大連圖書館

分野

我

朝定鼎於燕凡九州之分星莫不旋拱

京非必如昔人列土分封各有限制也然陰陽
之精其本在地地有高下南北而上發於天與

為列星自是推步占驗之儔莫不按度分次而

考求之匪則失以毫厘訛以千里矣嘗考

帝都在艮維寅方上應列宿當屬析木之次尾箕

之分周入三百六十五度四分度之一約之為

宛平縣志　卷之一　分野　　五

30422　[康熙]宛平縣志六卷　　（清）王養濂修　　（清）李開泰　張采纂

清康熙二十四年（1685）刻本　大連圖書館

高邑縣誌卷上

星野志

舊桂史氏曰聞之星者體質生於地精氣成於
天吳越在南而斗牛在北亦其體氣潛通耳青
蚨子母之相戀山鐘崩鳴之遠應固其理也星
家以昴畢屬趙鄩趙之彈丸地其占驗之繫於
昴畢者幾何然鄭康成註周禮以州中諸國於
星亦有分書善測者不於其星而於其辰寸分
而秒析之而一邑休咎亦可坐而得也惜其書

高邑縣志 卷上 一

30423 [康熙] 高邑縣誌三卷 （清）趙端等撰 清康熙刻本 大連圖書館

河間府志卷之一

星野志

志曰天官家言儒者罕習之況因地分天難爲縷析

而河間各屬又齊燕趙之分隸不同然則正側近

遠誰能詳指而咸當乎乃方野分星考驗祥異自

巫咸甘石以來靈臺之官代所必設夫固有不可

易者在也雖然熒惑退舍霖澍隨車皆德意召之

是言天道又不若言人事爲皦然矣滋是土者苟

于省躬勤民加意焉勿謂蒼蒼者之不我降鑒也

河間府志　卷之一　　星野　　一

吳橋縣志卷之一

吳橋縣志　　卷之一　輿地　　一

吳橋縣知縣晉陽任先覺裁定

儒學教諭平于郝化鳳參訂

典史蓉城鮑鉉祚校閱

儒學生員楊　萃纂修

祝吉士

李賡颺

劉德昭詮次

30425　[康熙] 吳橋縣志十卷續補一卷　（清）任先覺修　（清）楊萃撰

清康熙十二年（1673）刻十九年（1680）鹿廷璿增修本　大連圖書館

安平縣志卷之一

輿地志

禹分九州三代因之秦政郡縣後世不易輿地考藏在政

府經國之大端也安平雖彈尤地歷代之沿革異制分野

之躔畢同纏是非按圖辨域稽古證今烏足以傳信於將

來乎若因地以制宜觀風而問俗不禁有古今升降之感

焉是故志輿地

圖

縣境圖一　城圖一　縣衙圖一　學圖一　村莊圖一

任縣志卷之一

知縣季 芷介菴重修

分野

按周禮春官保章氏以星土辨九州所封之域

故禆竈怒大庭而知宋火史墨論禍德而上載

與天光下臨地德上載乾坤相應其占驗有不

燊者志分野

禹貢冀州之域屬昴宿

30427 [康熙] 任縣志十二卷 （清）季芷修 （清）謝元震纂 清康熙

十二年（1673）刻三十年（1691）增修本 大連圖書館

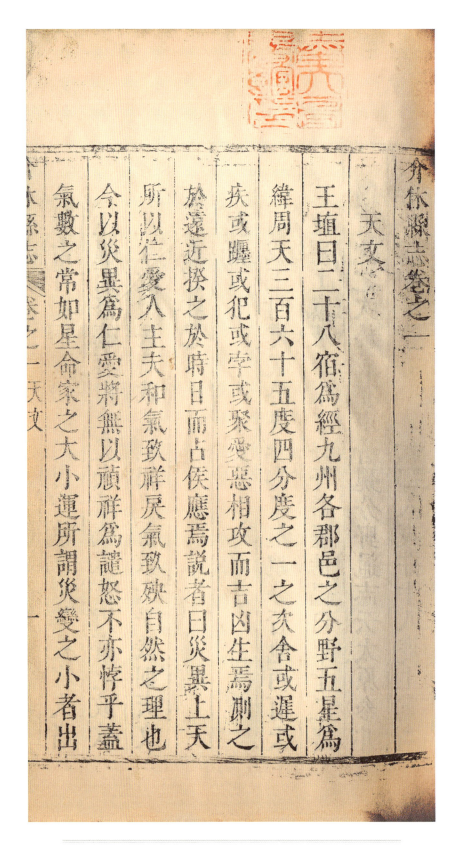

介休源志卷之一

天文

王塓曰二十八宿爲經九州各郡邑之分野五星爲緯周天三百六十五度四分度之一之爲舍或遲或疾或躔或犯或孛或聚變惡相攻而吉凶生焉測之於遠近揆之於時日而占侯應焉説者曰災異上天、所以在愛人主夫和氣致祥戾氣致殃自然之理也今以災異爲仁愛爲譴怒不亦悖乎蓋氣數之常如星命家之大小運所謂災變之小者出

介休源志卷之一天文
一

30428　[康熙] 介休縣志八卷　〔清〕王塓修　〔清〕王之舟纂　清康熙三十五年（1696）刻本　大連圖書館

垣曲縣志卷之一

星野

左傳昭公元年子產告叔向曰昔高辛氏有二子伯

曰閼伯季曰實沈不相能也后帝遷閼伯於商邱

主辰遷實沈於大夏主參又曰昔金天氏姜方震太叔夢

帝謂已余命而子曰虞將與之唐屬諸參而蕃育

其子孫由是觀之則實沈參神也

史記天官書參為白虎三星直者是為衡石下有三

星銳曰伐為斬艾事其外四星左右肩股也小三

垣曲縣系志　　卷之一　星野　一

30429　[乾隆] 垣曲縣志十四卷圖考一卷　〔清〕湯登泗纂修　清乾

隆三十一年（1766）垣曲縣官衙刻本　遼寧省圖書館

盛京通志卷之一

典謨、

詔

奉

世祖章皇帝登極恩詔 順治元年

天承運

皇帝詔曰我國受

天眷佑肇造東土

烈祖邁圖鴻緒

皇考彌廓前猷遂舉舊邦誕膺

0345

盛京通志卷之一

典謨

詔

世祖章皇帝登極恩詔 順治元年

奉

天承運

皇帝詔曰我國受

天眷佑肇造東土

烈祖邁圖鴻緒

皇考彌廓前猷遂舉舊邦誕膺

盛京通志 卷之一 典謨 一

30431 [乾隆] 盛京通志四十八卷首一卷 （清）呂耀曾等修 （清）

魏樞等纂 清乾隆元年（1736）刻本 遼寧省博物館

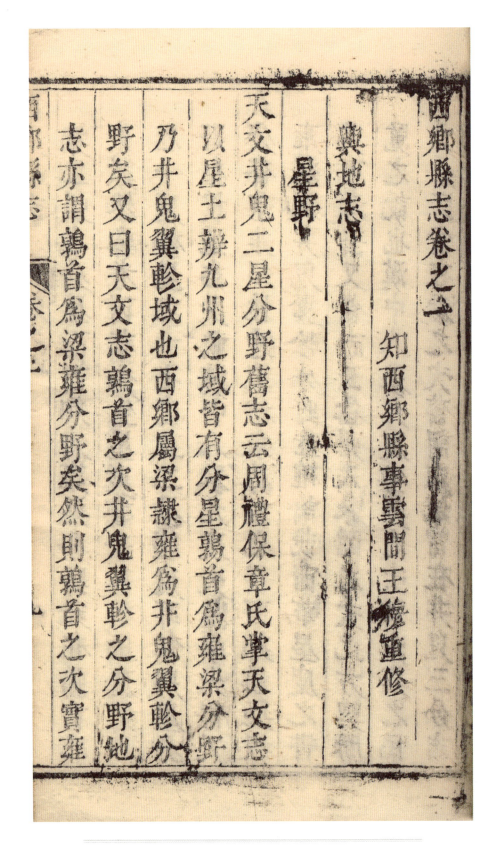

西鄉縣志卷之一

　　知西鄉縣事雲間王穆重修

輿地志

　星野

天文井鬼二星分野舊志云周禮保章氏掌天文志以星土辨九州之域皆有分星翼軫首爲雍梁分野乃井鬼翼軫域也西鄉屬梁隷雍爲非鬼翼軫分野矣又曰天文志鶉首之次井鬼翼軫之分野地志亦謂鶉首爲梁雍分野矣然則鶉首之次實雍

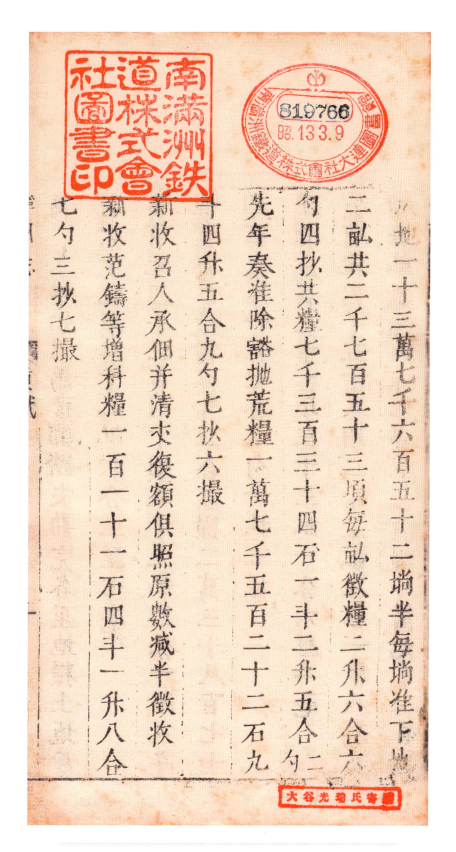

30433　[康熙] 寧州志五卷　（清）晋顯卿修　（清）王星麟纂　清康熙
二十六年（1687）刻本　大連圖書館

齊乘卷之一

　益都于欽思容纂

沿革

帝嚳九州之制青州初履海岱禹貢九州曰海岱惟

青州謂更北跨海西南距岱少陽之方其色爲青故

以名也舜肇十二州以寄越海析遼東爲營商制九

有以青爲徐周官職方以徐爲青其東北爲幽州齊

則囊括青州襟帶徐兗幽營非所兼也古之國於此

者少昊之世有爽鳩氏虞夏有季萴商有逢公柏陵

薄姑氏皆爲諸侯周武王克商封太公呂尚于齊未

得薄姑之地成王時薄姑與四國作亂成王滅之益

30434　齊乘六卷釋音一卷　〔元〕于欽撰　清道光孔廣林抄本　許瀚題記

胡嗣瑗題識　遼寧省圖書館

郯城縣誌卷之一

楚長沙顏若愚訂正
閩長樂丘問禮纂集
古營州張三俊重訂
閩樵川馮可參續修

輿地志第一

自泰罷侯置守而州縣未之有易矣彼其

封百里畫圻疆而鎮撫之者豈不碁列星錯

哉郯故古先王胙茅也迄於今其保界城郭

30435　[康熙] 郯城縣誌十卷　（清）張三俊重訂　（清）馮可參纂修

清康熙刻本　大連圖書館

武康縣志卷第一

賜進士出身文林郎知武康縣事寧河劉守成輯

邑紀

古者鄉遂之制埒於郡縣秦雖變制先王分土之意在焉武康瀕所自出其實始防風君子登眺禺

穆然想見虞夏自因革相沿代多離合若宋唐以

上廣輪無算奚啻古千乘也雖然不惟其地惟其

人初平而後地廣於僬麟德以還地降而伯其間

政治得失風教轉移安見齊泰必盛而唐魏則衰

也莅斯邑者其亦可以慨然興矣志邑紀

武康縣志 卷一邑紀 一

三百九十九

30436　[乾隆]武康縣志八卷　（清）劉守成修　（清）高植纂　清乾隆
四十四年（1779）刻本　大連圖書館

陳留縣志卷之一

建置沿革

陳留縣禹貢豫州之地相傳爲上古夏時有莘國
春秋時地在鄭衛兩國之交或曰鄭地或曰衛地
俱未有明據戰國時魏滅衛徙都大梁今縣在昔
大梁之東南境而西則界於許似鄭遠而衛近則
爲魏之都差爲可據也邐秦謡魏襄王曰大王之
地南有鴻溝陳留陳留之名實始於此秦并天下
罷侯封分置郡國四十史但詳郡不詳縣陳留縣

陳留縣志 卷之一 建置沿革

30437 [康熙] 陳留縣志四十二卷首一卷 （清）鍾定纂修 清康熙
三十年（1691）刻本 大連圖書館

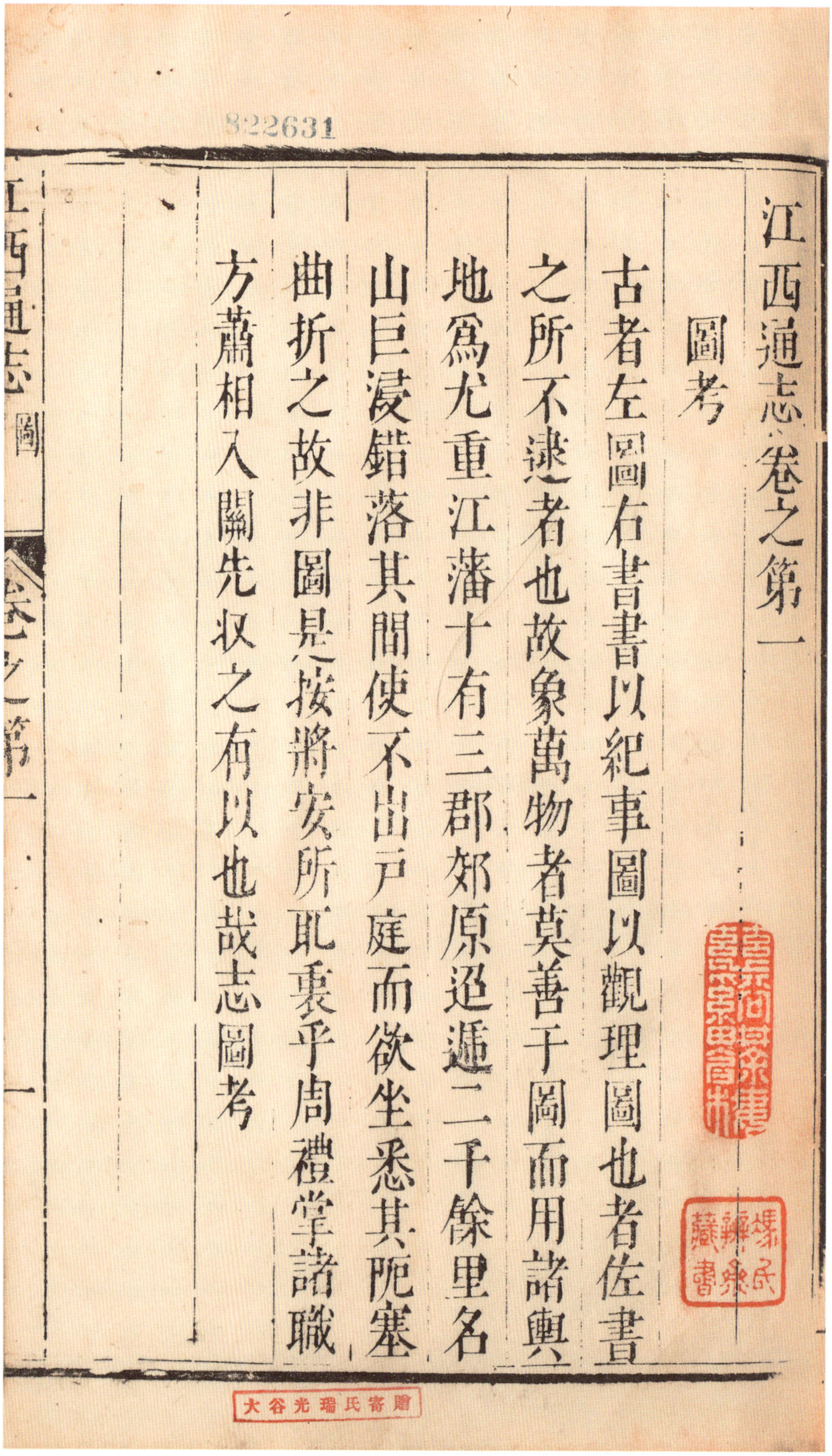

822631

江西通志卷之第一

圖考

古者左圖右書書以紀事圖以觀理圖也者佐書

之所不逮者也故象萬物者莫善于圖而用諸輿

地爲尤重江藩十有三郡郊原迤邐二千餘里名

山巨浸錯落其間使不出戶庭而欲坐悉其阨塞

曲折之故非圖是按將安所耶襄乎周禮堂諸職

方蕭相入關先収之有以也哉志圖考

大谷光瑞氏寄贈

30438 **[康熙]江西通志五十四卷** （清）杜果等撰　清康熙二十二年

（1683）刻本　大連圖書館

龍陽縣誌卷之一

龍陽縣知縣三韓蔡藎藿裕苍甫鑒定

儒學

教諭陳于璉慕潭甫　　　　黎校

訓導張應星月友甫

邑人陳一揆衡宅甫纂輯

【地里志】

自臧方有掌太史有陳郎郡邑而天下悉視此

楚洞庭以南當八百一面者厥惟我龍橋圖垂

龍陽縣誌　卷一

30439　[康熙]龍陽縣誌四卷　　（清）蔡藎修　（清）陳一揆纂　清康熙二十四年（1685）刻本　大連圖書館

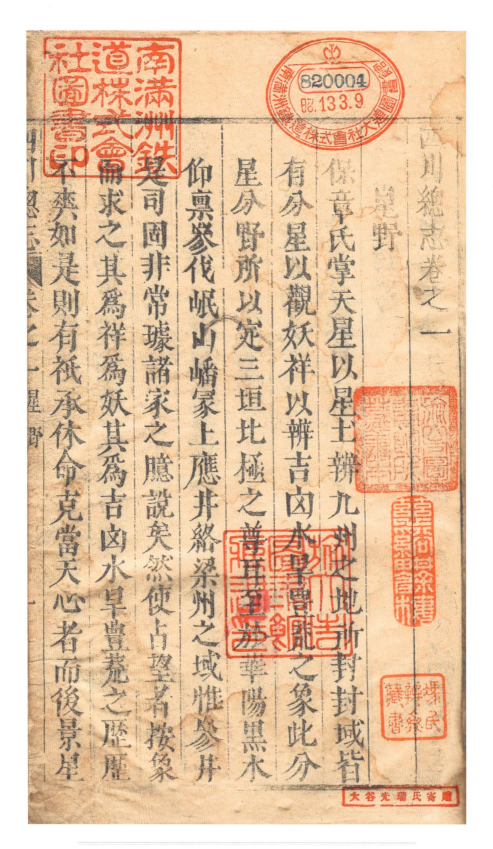

星野

四川總志卷之一

保章氏掌天星以星土辨九州之地所封封域皆

有分星以觀妖祥以辨吉凶水旱豐凶之象此分

星分野所以定三垣比極之尊玉壘華陽黑水

仰禀參伐岷山嶓冢上應井絡梁州之域惟參井

是司固非常璩諸家之臆說矣然使占墊名按象

需求之其為祥為妖其為吉凶水旱豐荒之歷歷

不爽如是則有祗承休命克當天心者而後景星

30440　[康熙] 四川總志三十六卷　（清）蔡毓榮等修　（清）錢受祺

等纂　清康熙十二年（1673）刻本（卷六抄配）　大連圖書館

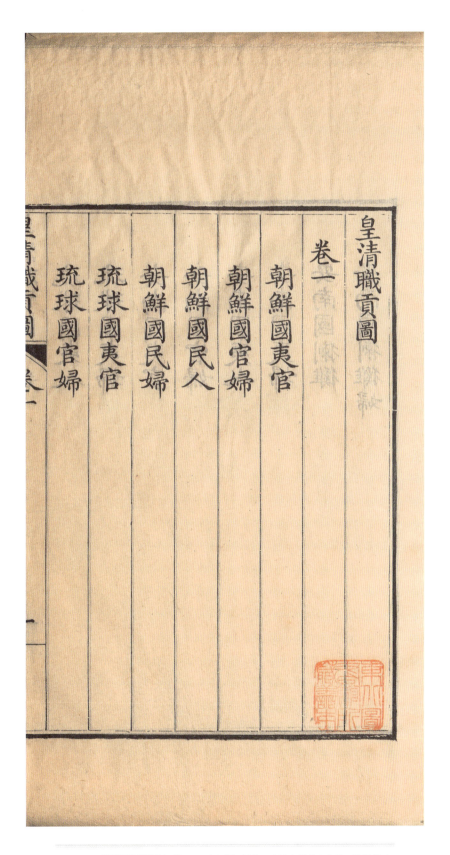

皇清職貢圖

卷一　南國總叙

朝鮮國夷官

朝鮮國官婦

朝鮮國民人

朝鮮國民婦

琉球國夷官

琉球國官婦

30441　皇清職貢圖九卷　（清）傅恒等纂　（清）門慶安等繪　清乾隆武

英殿刻本　遼寧省圖書館

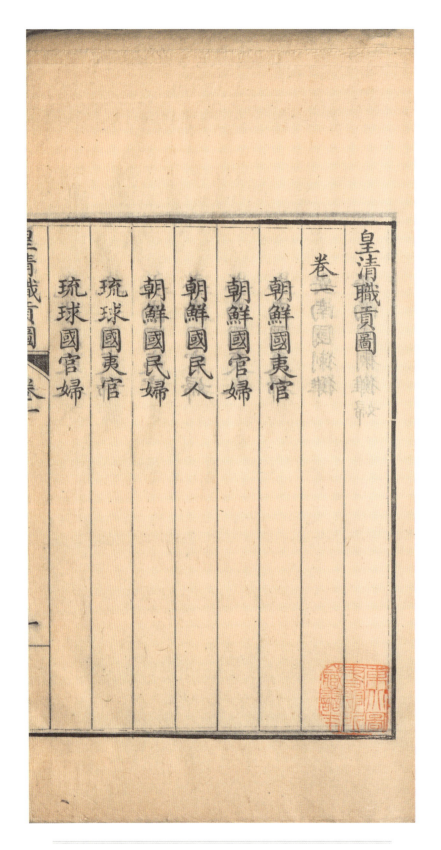

30442　皇清職貢圖九卷　（清）傅恒等纂　（清）門慶安等繪　清乾隆武

英殿刻本　遼寧省圖書館

欽定日下舊聞考卷一

星土

臣等謹按自周禮保章氏以星土辨九州之

地而後世之言分野者或以中宮斗杓或以二

十八宿或以天市垣或以五星至唐一行則

又創為山河兩戒之說衆議紛紜立論各殊

按唐杜佑分野議謂以國之分野上酌天象

始於周季然其可疑者如周敬王魯哀公之

時吳為越所滅其後六十九年始命韓趙

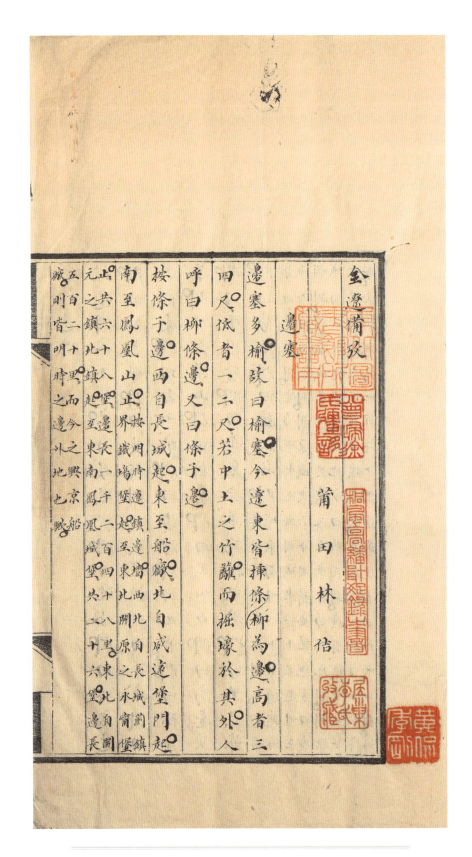

五百門元之山南邊按呼四邊
里二共之北共至德三十條曰尺塞塞
而十六鎮鎮六鳳于自尺低多
省里邊東起十凰邊船若者榆
明而堡南至八山西嶺中一跂
時今邊鳳邊里正自北上二曰
之之長城長東界長自之尺榆
興興開堡一堡鐵城成竹若塞
京地自共千起場起遠蘿中今
船外長二二至堡東堡而土遼
嶄之十四東起至門掘之東
地開十八北至東起塹竹省
六開原於蘿揀
堡八之其而條
邊里水外揀柳
長東宿人條為
北堡呼邊
曰高
柳者
條三

30444　全遼備考二卷　題〔清〕林佶撰　清抄本　黄侃批校　遼寧省圖書館

柳邊紀略上

宿松紫麓朱書鈔

山陰耕夫楊賓著

自古邊塞種榆故曰榆塞今遼東皆揷柳條為邊高者三四尺又

低者一二尺若中土之竹籬而掘濠于其外人呼為柳條邊又

曰條子邊

條子邊西自長城起東至船廠止北自威遠堡門起南至鳳皇

山止按明時遼鎮邊墻西北自長城薊鎮界鐵場堡起至東北

開原之永寧堡止共六十八堡邊長一千二百四十八里

東北自開原之鎮北堡起至東南鳳皇城堡止共二十六堡

邊長五百二十里而今之興京船廠則皆明時邊外地也

柳邊紀略上

一

盤山志卷之一

圖考

周官職方氏大司徒掌土訓之地圖天下險要阨

塞具焉後世工畫者崖崖模寫山水及宮宇之制

非僅備觀覽而已將以辨脈絡正方位也盤山舊

有圖舉大勢於尺幅簡率已甚今茲繪事有總有

分以

行宮為標準而內外諸景暨峰巘寺觀之著名者以

次布列復為說以考證之清華水木造物閟此奧

茅山志卷之一　　　鬱岡眞隱笪蟾光審編

眞君誥勅

天皇太帝授茅君九錫玉冊文十八日巳酉　漢哀帝元壽庚申八月

惟盈虗挺遠朗幽耽妙玄爰自童蒙散髮北上靜心林

澤積思求神登峻履谷巘尋師門擲形絕嶁投軀萬津

丹誠率往肆其天然遂造明匠逎受靈篇窮髮祝跪箴

首截身帶索自樂不恥饑寒所適唯道所保以眞情昭

上帝感激太玄今敬授盈位爲太元眞人領東岳上卿

茅山志　卷之一　一

30447　茅山志十四卷　（清）笪蟾光輯　清康熙朱茂如刻本　大連圖書館
存十三卷（一至十三）

大嶽太和山紀畧卷之一

星野

周禮保章氏掌星土以辨九州天官書云衆星

列布體生於地精成於天星土之精氣相感分

野屬之矣荆之分野爲翼軫山川之麗於其域

者應亦屬焉禮曰名山升中於天在天爲星在

地爲嶽尤精氣之必相感者大嶽嶽也分荆土

之星其較著者矣紀星野

大嶽太和山在漢之南江之北屬下荆南道襄陽府

大嶽太和山紀畧 卷一 星野

30448　大嶽太和山紀略八卷　〔清〕王概總修　〔清〕姚世僴纂　清乾隆九年（1744）刻本　瀋陽故宮博物院

黔靈山志卷之一

撫黔使者西河于準鑒定

　　　　　本郡程春翔集山甫較閱
　　　　　江南布衣朱鈴黍訂
　　　　　淨林何素儒芝山氏輯

星野附圖

周官保章氏以星土辨九州之野則知天地以氣
應者也故天垂象聖人則之五嶽之區上應五曜
本机對待黔靈嶄然崛起風藏氣聚葢地之精英
結而爲全黔之名勝自然上應天象以統攝一方

黔靈山志　卷之一　　星野　　二

水經注釋卷一

仁和趙一清誠夫録

河水一

崑崙虚在西北

三成爲崑崙邱崑崙說曰崑崙之山三級下曰樊桐一
名板松二曰元圃一名閬風上曰層城一名天庭是謂

太帝之居

去嵩高五萬里地之中也

禹本紀與此同高誘稱河出崑山伏流地中萬三千里

禹導而通之出積石山按山海經自崑崙至積石一千

水經注釋　卷一　一　東潛趙氏定本

30450　水經注釋四十卷首一卷附録二卷水經注箋刊誤十二卷

（清）趙一清撰　清乾隆五十一年（1786）趙氏小山堂刻本　董恂題記　遼寧省
圖書館

河防一覽纂要卷之一

天長陳于豫伊水甫謹述

河議辨惑

或有問於馴曰河有神乎馴應之曰有、問者曰、化不
可測之謂神、河決而東、神舍西矣、河決而南、神舍北
矣、神之所舍、孰能治之、馴曰、神非他、即水之性也、水
性無分於東西、而有分於上下、西上而東下、則神不
欲決而西北上而南下、則神不欲決而北間有決者、
必其流緩而沙墊是過顙在山之類也挽上而歸下

30451　河防一覽纂要五卷　（清）陳于豫撰　南河志書纂要一卷

清康熙三十九年（1700）孫弓安刻本　大連圖書館

欽定河源紀畧卷一

圖說

臣等謹案地理非圖不明大河源流自古人跡罕

至漢書稱武帝按古圖書名河所出山曰昆侖者

已佚不可睹其圖之傳於今者篤什所述十僅得

其四五陶宗儀之所摹又僅得篤什之四五近時

歐羅巴人作坤輿圖說徧繪五大八州而紀黃河

者僅寥寥數語豈非皆傳聞未確之故歟洪惟

聖朝販章式廓

聖祖仁皇帝肇命臣工攜挈儀器遍歷區域測量分數以

欽定河源紀畧

卷一圖說一

30452　欽定河源紀畧三十五卷首一卷　（清）紀昀等纂　清乾隆武英殿刻本　遼寧省圖書館

山東全河備考卷之二

古吳葉方恒學亭甫纂

河渠志上

運道興廢畧

京師之在燕自元始故漕運之自南而北亦自元始

元初糧道自浙西涉江入淮由黃河逆水至中灤旱

站陸運至淇門入御河以達京至元二十年李粵魯

赤自任城開穿河渠分汶之西北流至須城入清濟

故賈通江淮漕經東阿至利津河入海由海道至直

沽後因海口沙壅從東阿舍舟陸運抵臨清下漳御

山東全河備考 卷之二上 一

30453　山東全河備考四卷　（清）葉方恒撰　清康熙十九年（1680）刻本
大連圖書館

西湖志卷之一

水利一

西湖源出武林泉滙南北諸山之水而注於上下

兩塘之河其流甚長其利斯溥唐宋以來屢經濬

治而興廢不常

盛朝特重水利首及東南疏鑿之功爲前古未有恭紀

聖恩垂利萬世而歷代開濬始末悉詳著於篇志水利

西湖古稱明聖湖漢時有金牛見湖人言明聖之瑞

因名又以其在錢塘故稱錢塘湖又以其翰委於

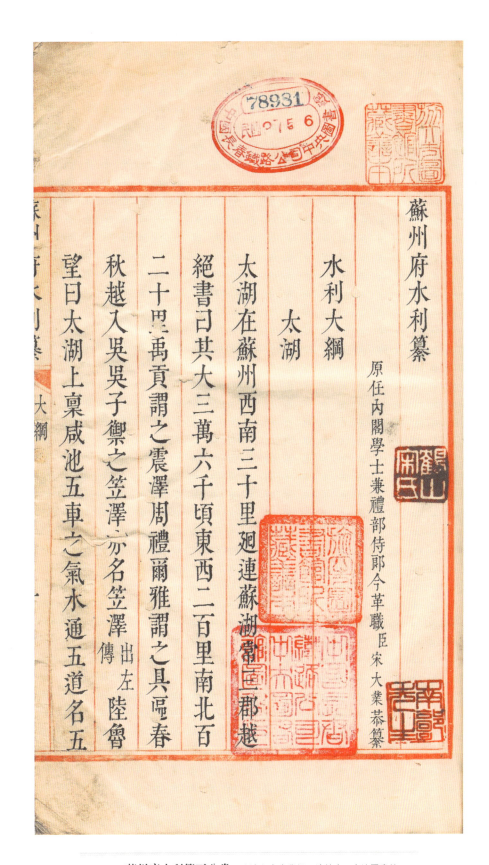

蘇州府水利纂

原任內閣學士兼禮部侍郎今革職臣宋大業恭纂

水利大綱

太湖

太湖在蘇州西南三十里廻連蘇湖常郡越

絕書曰其大三萬六千頃東西二百里南北百

二十里禹貢謂之震澤周禮爾雅謂之具區春

秋越入吳吳子禦之笠澤亦名笠澤傳出左陸魯

望曰太湖上稟咸池五車之氣水通五道名五

30455　蘇州府水利纂不分卷　（清）宋大業撰　清抄本　大連圖書館

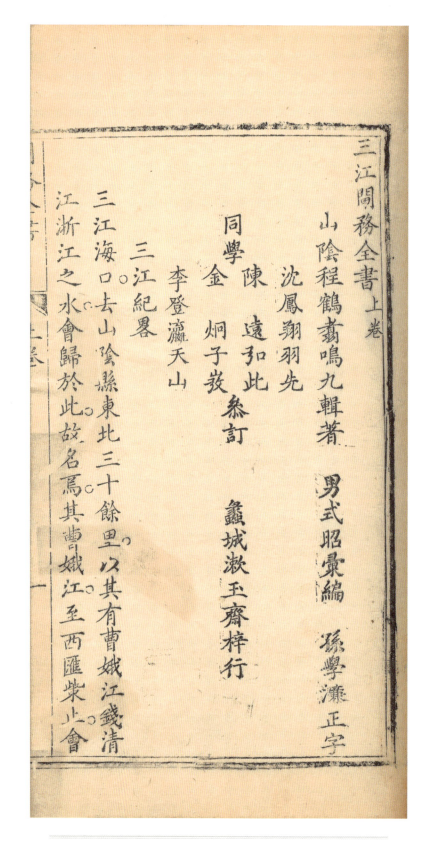

山陰程鶴翥鳴九輯著　男式昭彙編　孫學濂正字

沈鳳翔翔先

同學

陳　遠知此

金　炯子爻　叅訂

李登瀛天山　　蟲城漱玉齋梓行

三江紀畧

三江海口去山陰縣東北三十餘里。以其有曹娥江錢清

江浙江之水會歸於此。故名爲其曹娥江至西匯柴此會

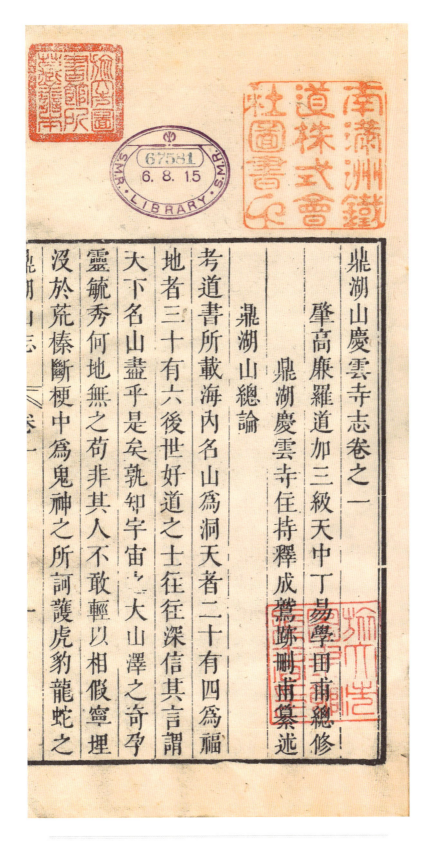

鼎湖山慶雲寺志卷之一

　　肇高廉羅道加三級天中丁易學田甫總修

　　鼎湖慶雲寺任持釋成鷲踈刪重纂述

鼎湖山總論

考道書所載海內名山為洞天者二十有四為福地者三十有六後世好道之士往往深信其言謂大下名山盡平是矣孰知宇宙之大山澤之奇孕靈毓秀何地無之苟非其人不敢輕以相假寧埋沒於荒榛斷梗中為鬼神之所訶護虎豹龍蛇之

鼎湖山志　　卷一　　一

30457　鼎湖山慶雲寺志八卷首一卷　〔清〕丁易　釋成鷲撰　清康熙刻本　大連圖書館

宋東京考卷之一

嘉興石皷周城緝

京城

按宋史地理志東京汴之開封府也五代朱梁為東都
晉漢周皆為東京藝祖仍周之舊為都亦曰東京舊城

周廻二十里一百五十五步東二門北曰望春門即舊曹門即舊名
政南曰麗景宋門南面三門中曰朱雀東曰保康西曰
和南曰宜秋鄭門北曰閶闔門即梁北三
崇明門即新西二門南曰宜秋鄭門北曰閶闔門即梁北三
門中曰景龍東曰安遠即舊封即舊西曰天波門以上即金水
各門初皆仍梁晉舊名至太平興國四年改
今名惟保康一門大中祥符五年始創之　新城周廻

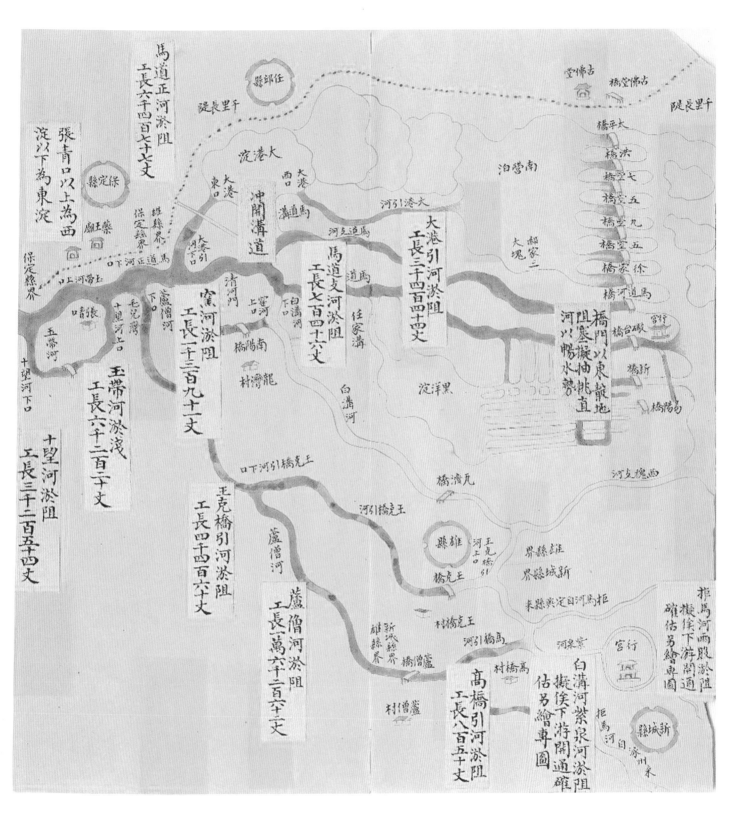

30459　直隸河淀估浚工程圖說不分卷　（清）□□撰　稿本　大連圖書館

東漢會要卷第一

奉議郎武學博士臣徐　天麟　上進

帝系上

帝號

世祖光武皇帝諱秀字文叔南陽人高祖九世
孫也出自景帝生長沙定王發發生春陵節侯買買
生鬱林太守外外生鉅鹿都尉回回生南頓令欽欽
生光武王莽末起兵於宛更始元年兄伯升立劉聖
公為天子伯升為大司徒光武為太常偏將軍破莽
軍於昆陽更始拜光武為破虜大將軍封武信侯九
月三輔豪傑共誅王莽傳首詣宛更始將北都洛陽

之茂字

30460　東漢會要四十卷　〔宋〕徐天麟撰　清初抄本　吳志忠校并跋

遼寧省圖書館